탄탄대로

1000

단어로 끝내는
실무 영어

Practical English

탄탄대로

1,000 단어로 끝내는
실무 영어

Preface

주변 지인들로부터 영어를 잘하지 않으나 업무상 가끔 영어를 사용하는 회사원을 위한 실전 영어 책을 집필하라는 요청이 있어 「1,000 단어로 끝내는 실무 영어」를 출간하게 되었다. 본 책은 무역 실무에 의한 실전 비즈니스 영어책 「탄탄대로 실전 무역 · 비즈니스 영어 이메일 패턴집」에서 어려운 내용을 삭제하고, 「영어 이메일 작성 꿀팁」을 추가한 바, 「탄탄대로 실전 무역 · 비즈니스 영어 이메일 패턴집」을 기 보유중인 분들은 구매하실 필요가 없음을 밝혀둔다.

회사 업무에 필요한 영어 단어는 몇 개가 될까? 놀랍게도 1,000개가 되지 않는다. 필자는 국내 종합무역상사 및 세계적인 미국 회사들에 수년간 근무한 적이 있으며, 그 회사들은 모두 글로벌 기업들이라 세계 여러 국가에 지사들이 있었다. 필자가 하도 궁금해서 몇 개월 동안 본지사간, 지사간 이메일에 사용된 단어들을 조사한 적이 있다. 실제 몇 백 개의 단어만 사용되고 있는 것을 발견하고 적지 않게 놀랐다.

실무 영어는 전혀 어렵지 않다. 정형화된 틀이 있어 대부분의 상황은 그 틀에 맞게 돌아가고 그 틀대로 이메일 작성하면 된다. 회사 생활을 하다 보면, 매일 동일한 내용을 영어로 쓰고 있는 일이 많아 지겨울 때도 있다. 비즈니스를 할 때, 영어 실력에 따라 좌우될 수 있는 상황은 몇 가지가 되지 않는다. 신규 거래선 개척, 클레임 처리 등의 경우는 영어 실력이 상당히 필요하다. 왜냐하면 상황 설명과 설득력 있는 주장이 필요하기 때문이다. 그 이외의 경우는 문장으로 따지면 1,000개 이내의 단어로 회사 업무 처리하는데 지장이 없다.

본 책「1,000 단어로 끝내는 실무 영어」는 정말 쉬운 영어들로 회사 생활시 각 분야에서 실제 사용되는 문장들로 구성되어 있다. 이 문장들만 읽히면 회사에서 필요한 영어 작문과 회화는 거의 다 해결될 것이다. 회사 영어는 맥을 잡는 영어가 되어야지, 영어 표현만 잘 한다고 되는 것이 아니다. 필자는 요즘 젊은 회사원들의 영어 회화 실력에 탄복을 금치 못한다. 참으로 영어 듣기 말하기를 잘한다. 하지만, 영어 리스닝/스피킹 실력과 이메일 작성 및 상담 실력은 괴리가 꽤 있는 것 같다.「1,000 단어로 끝내는 실무 영어」는 회사 여러 부서의 업무와 관련되어 실제 사용되는 회사 업무 영어 표현들로 구성되어 있는 바, 어느 부서에 근무하든 활용도가 높을 것이다.

저자는 연세대 상경대 졸업후 LG상사를 첫 직장으로 세계 유수업체들에서 근무하였으며, 개인 무역회사 운영, 외국 회사에 회사 매각을 하여 실제 M&A를 경험하였고 현재도 무역업에 종사하고 있는 실전 무역통으로 일반 상품 거래, 지업자금 조달, M&A, 원자재 거래, 이동 통신부품 등등의 일반 거래, 독점 대리점 비즈니스를 한 바 있다. 실무적으로 국내외 시장을 개척하면서, 금형/사출업체에서 해외거래선과 밤을 새면서 trouble-shooting을 하고, 대기업의 vendor가 되기 위해 기업/공장 실사 준비, 생산부서/QC 부서들을 대변, 해외 거래선과의 문제를 해결, 국제간의 클레임등 다양한 글로벌 비즈니스를 수십 년간 경험하고 있다.

「1,000 단어로 끝내는 실무 영어」는 이러한 경험을 바탕으로 회사 업무 및 거래 실무에 필요한 내용들만을 압축 요약한 것이다. 국제간의 거래에 실제 사용되는 핵심 문장들을 상황별로 분류하여 영어 실력과 상관없이 누구나 손쉽게 활용할 수 있다. 늘 곁에 두고 잘 활용하면 영어 실력 함양 및 어떠한 회사 업무 상황에 처하더라도 즉시 대응이 가능하리라고 믿는다.

책 내용의 순서는 글로벌 거래 절차에 부합되도록 편집하였으며 거래선 발굴에서부터 상담/접대/협상/공장실사/계약/발주/생산/선적/클레임 해결까지 글로벌 비즈니스에서 실제 발생되는 다양한 상황을 수록하였고 거래처와의 인간관계 수립/

돈독을 위한 Protocol 영어도 다양한 상황에 맞게 편집하였다.

일부 편집의 경우, 띄어쓰기를 지키지 않은 것도 있다. 왜냐하면 한정된 지면에 보다 많은 내용을 싣고, 독자의 영어 공부 편의를 위해 단어 사이에 2~3칸을 띄운 경우도 있다. 예를 들면, 개발/생산/검토/고려/논의 중: under development/ production/review/consideration/discussion에서 under 다음에 2칸을 띄우고, 장부를 조작하다: cook/falsify/manipulate accounts에서 accounts 앞에 2칸을 띄운 것 등이다.

이 책의 특징은

첫째, 100% 회사 업무 영어이다. 제조업체, 종합무역상사, 유수 글로벌 기업, 외국 부품 회사의 한국 Agent, 개인 무역회사에서 실제 사용되고 있는 회사 영어이며, 이메일 작성과 업무상 회화를 동시에 해결한다.

둘째, 무역 · 비즈니스 영어를 왜 이렇게 써야 하는지를 일부 문장들 밑에 businessperson의 관점에서 설명을 하였다. 예를 들면, 가격 인상 요청을 어떻게 해야 수락될 가능성이 큰지, 고객의 가격 인하 요청을 어떻게 논리적으로 거절할 수 있는지 등을 설명하였다.

셋째, 글로벌 무역 · 비즈니스에서 발생되는 다양한 상황에 맞는 적합한 영어 문장들이 세분화 되어 있어 사전에서 단어 숙어 찾듯이 그 상황에 맞는 문장들을 즉시 찾아 활용할 수 있다.

넷째, 회사의 여러 부서, 즉, 연구소, 생산부서, 품질관리부, 영업부 등등에서 실제 발생 상황에 사용되는 영어 표현들로 구성되어 있다.

다섯째, 본문은 한글-영어의 순으로 되어 있고, 패턴 연습에는 영어-한글 순으로 되어 있는 바, 한 번은 영작, 한 번은 독해 연습을 할 수 있어 회사 영어를 익히는 데 큰 도움이 될 것이다.

이 책에 있는 문장들은 대부분 단문 위주로 되어 있는 바, 이를 자유자재로 활용할 수 있다면 세계화 기업의 회사 영어를 구사하는데 지장이 없을 것으로 믿어 의심치 않는다. 영어가 모국 국어가 아닌 전 세계 국가를 상대로 하는 글로벌 비즈니스의 경우 문어체 영어가 가장 효율적이며, 문법에 맞는 영어를 구사하다면 확실한 의미 전달이 쉽게 이루어지기 때문이다. 이는 세계적 인 인물들의 연설, 담화를 보면 수긍이 갈 것이다. 회사 업무에 필요한 영어 회화는 「1,000 단어로 끝내는 실무 영어」의 단문들을 숙지하면 저절로 해결 될 것이다. 그것도 정곡을 찌르는 영어 사용으로 거래 상대방을 매혹시킬 것이다. 물론, 영어 듣기 공부는 별도로 열심히 따로 하여야 한다.

끝으로 「1,000 단어로 끝내는 실무 영어」를 출간하여 주신 한올출판사 임순재 사장님과 바쁜 일정에도 불구하고 본 서적 출간을 위해 수고하신 최혜숙 편집장님께 감사의 말씀을 드린다.

2018년 1월
고매동에서
저자 장시혁

목 차

CONTENTS

1,000 단어로 끝내는 실무 영어

Chapter 22   이·취임, 전보 _ 222

Chapter 23   회의/세미나 _ 227

Chapter 20   전시회 _ 216

Chapter 21   상호 변경, 사무실 이전 _ 219

Chapter 24   각종 초대/요청 _ 235

CONTENTS

영어 이메일 작성 꿀팁

영어 실력이 충분치 않아도, 조그만 신경 쓰면 상대방이 이해하기 쉬운 영어 이메일 작성이 가능하다. 회사 영어는 연애편지도 소설도 아니다. 상황 설명을 얼마나 논리적으로 간단히 할 수 있는지가 중요하다. 상대방의 입장에서 문서를 작성하라. 일단 기본적인 화장을 하고, 몇 가지 사항만 신경 쓰면 당신의 영어 이메일은 차원이 달라진다.

그리고, 이메일의 수취인은 전 세계 국민이며 영어가 모국어가 아닌 사람이 대부분이고, 나이는 20~70세까지 연령대가 다양한 바, 이 상황에 맞게 이메일을 작성한다면, 큰 효과를 얻을 수 있다.

1 영작의 기본 – 영작은 조각 모음

• 조각조각 번역을 먼저 하고
• 주어 동사 순으로 짜깁기
• 영어 실력이 부족하거나 설명할 상황이 복잡할 경우는 가급적 형용사, 부사 등 수식어 사용은 자제.

품질관리 과장은 불량품의 근본 원인을 파악하기 위해 생산 라인으로 달려갔다.

☞ 조각 번역

  • 품질관리 과장: QC manager

- 불량품의 근본 원인: root cause for the defectiveness
  - root cause for the defective quality
- 파악하기 위해: in order to check, in order to find out
  - (~위해: in order to, to, for the purpose of ~ing, with a view to ~ing, so as to 동사 원형 등등)
- 생산 라인: production line
- 달려갔다: rushed to

☞ The QC manager rushed to production line in order to check the root cause for the defectiveness.

☞ The QC manager rushed to production line for the purpose of finding out the root cause for the defective quality.

2 영어 이메일 작성 핵심 포인트

- 기본적인 화장을 하라 - 보기 좋게, 읽기 좋게
  - ☞ 가독성(可讀性, legibility) 향상과 비즈니스 열정을 피력
- 긴 내용은 문장 뒤 쪽으로
  - ☞ 긴 내용은 가능한 문장 뒤 부분에 배치하여 이해력 향상
- 접속사 선택이 헷갈리면 semicolon(;) 사용
- 간단명료한 문장 작성
- 쉬운 단어 표현 사용
- 문법에 맞는 문장 작성
- 필요시 idiom및 미국적인 표현 사용
- 논리적·합리적인 문장 작성
  - ☞ 비즈니스의 기본은 상호 이익 추구가 되어야 한다.

3 기본적인 화장을 하라 - 보기 좋게, 읽기 좋게

- 글씨 크기 및 각 글씨 간격
- 각 라인 간격
- 패러그래프 구분 및 각 패러그래프 간격

Dear Mr. Yin:

We have just returned safely from our trip to the Middle East.

Thank you for the boundless hospitality you showed to us during our visit to your country. We will remember the pleasant time we had with you for a long time.

To help promote our business relationship, may we ask you to honor us by visiting Seoul sometime during July? Any time would be convenient, if you let us know in advance what dates would be best for you.

I hope that with your kind support our relationship will develop into a closer one.

Sincerely yours.

문제점

- 글씨 크기가 너무 작아, 상대방이 젊지 않다면 편하지 않다.
  - ☞ 비즈니스 상대는 20~70세 사이가 될 것인 바, 글씨 크기에 신경 써야 한다. 일반적으로 아래아한글 기준으로 12~14가 연령 구분없이 편안하다.
  - ☞ 상대방에게 보내는 pt 자료도 마찬가지 이고
  - ☞ 회사 내부 보고 자료도 마찬가지이다.

- 본인 입장에서 글자 크기를 정하는 것은 금물이다.
  - ☞ 문서를 보는 사람이 문서 글씨 크기를 조정하여야 하다면 그건 처음부터 잘못된 것이다.

Dear Mr. Yin:

We have   just returned safely from our trip to the Middle East.

Thank you for the boundless   hospitality you showed to us during our
visit to your country. We will remember the pleasant time we had with
you for a long time.

문제점

• 각 단어 간격이 일정치 않고, 줄 변경도 눈에 거슬린다.

Dear Mr. Yin:

We have returned from our trip to France, England,
Germany, and Italy as chairman-elect.

Thank you for the boundless hospitality you showed to us
during our visit to your country. We will remember the pleasant
time we had with you for a long time.

문제점

• 문장 끝날 때 자동 맞춤 양식 사용 시, 해당되는 줄 만 각 단어 사이의 간격이 아주 보기 싫게
되 경우도 있음. 주로 하이픈 붙은 단어가 사용될 때 더 그러한 경우가 있다.

Dear Mr. Yin:

We have   just returned safely from our trip to   the Middle East.
Thank you for the boundless hospitality you showed to us during our visit to your country. We will remember the pleasant time we had with you for a long time.

To help promote our business relationship, may we ask you to honor   us by visiting Seoul sometime during July?   Any time would be convenient, if you let us know in advance what dates would be best for you.

I hope that with your kind support our relationship will develop into a closer one.

문제점

- 패러그래프 띄어쓰기 무시
- 단어 간격

4 긴 내용은 문장 뒤 쪽으로

영어에 가주어 진주어가 있는 이유는 긴 내용은 무조건 뒤 부분에 배치하는 것이 듣는 사람, 읽는 사람 입장에서 이해하기 쉽기 때문이다.

We would like to introduce <u>our company, which is the largest chemical company in the world</u>, to you.

> ☞ We would like to introduce to you our company which is the largest chemical company in the world

---

5 접속사 선택이 헷갈리면 semicolon(;) 사용

☞ semicolon은 여러 종류의 접속사 대용

I could not drive to the party place on time; it heavily rained all of sudden.
 ; = as

In order to check the quality problem, I flied to the factory immediately; the QC manager was quite happy.
 ; = and

---

6 간단명료하게 보이도록 문장 작성

☞ 간단명료: succinct, brief and to the point

I would like to inform you that 어쩌고 저쩌고 이렇고 저렇고
☞ I would like to inform you that

- 어쩌고
- 저쩌고
- 이렇고
- 저렇고

We regret to inform you that we can't accept your price discount, because the price of raw materials skyrocketed last month, and sea freight went up by 20% this month as is known to all, and the labor cost kept going up recently.

☞ We regret to inform you that we can't accept your price discount. The reason is as below:

• the price of raw materials skyrocketed last month
• sea freight went up by 20% this month as is known to all
• the labor cost kept going up recently.

위와 같이 표현하면, 이메일 작성이 쉬워지며, 이메일 수취인도 이메일의 내용을 쉽게 파악 가능하며, 머리에 각인이 되어 의사 결정이 빨라진다.

7 쉬운 단어·표현 사용

• 기본적으로 누구나 알 수 있는 단어·표현 사용
  ☞ vicissitude vs. change, up and down

• 상황 설명에 꼭 필요한 경우엔 어려운 단어·표현 사용

8 문법에 맞는 문장 작성

문법에 어긋나는 내용이 반복되면, 상대에 대한 신뢰를 약화시킬 수도 있는 바, 가급적 문법에 맞는 문장을 구사.

- punctuation 정확히 사용
- 대소문자 구분
- 문법이 헷갈리면 가능한 단문을 여러 개 사용

I would like you to provide me with information of your new product.
   ☞ I would like you to provide me with information on your new product.

9   필요시 idiom 및 미국적인 표현 사용

- 해외업체의 한국 agent가 되어 해외업체에 큰 소리는 쳤는데, 시장 개척이 뜻대로 되지 않아, 고객 확보가 slow 할 경우, 시장 상황을 설명하면서, Rome was not built in a day. 라고 하면 아주 효과가 있다.
- 해외 공급업체와 국내 고객의 큰 이견이 있을 때, Do in Rome as the Romans do. 등등을 사용하면 상황 전달이 확실하다.
- distant second vs. close second, neck and neck, lion's share, sit on the fence, backseat driver 등등의 표현이 정곡을 찌를 때도 있다.

10   논리적 · 합리적인 문장 작성

상대방이 이해하도록 합리적인 논리를 전개하라. 고객에게 가격인상으로 요청하는 내용을 예로 들면,

- 가격 인상을 원함.
- 인상 요청 근거 제시
- 인상 요인이 10% 이나, 공급업체의 생산 수율 향상 노력으로 5%만 요청함. 즉, in the same boat 하고, 같이 노력하는 long-term business partner 라는 사실을 각인시켜 준다면 상대도 감동하여 원하는 것을 얻을 수 있다.

Chapter 01

회사 소개

1 회사 소개 시작 문장

결례를 무릅쓰고 귀사에 연락드립니다.

We would like to take the liberty of writing this e-mail to your preeminent firm.

- take the liberty of ~ing; take the liberty to do:
  실례를 무릅쓰고 ~하다, 실례이지만 ~하다

귀사에 연락드리게 되어 기쁘고 영광스럽습니다.

We are pleased and honored to write this e-mail to your prestigious company.

- 귀사 : prestigious/preeminent/esteemed   company/firm

귀사 제품의 한국 판매 가능성 타진을 위해 귀사에 연락드립니다.

We are writing this e-mail to your preeminent firm in order to tap the possibility of selling your products in Korea.

태양광 에너지 산업에 관련된 한국 소재 무역 회사입니다.

We are a trading company in Korea which is heavily involved in solar energy industry.

당사는 네나 그룹의 전담 수출입 창구이자 한국의 유수 무역회사들 중 하나입니다.

We take this opportunity to introduce our company, Nena Trading Corp., as one of Korea's preeminent trading companies as well as the exclusive import and export arm of Nena Group.

패턴 연습

introduce A to B: A를 B에게 소개하다

We have the pleasure of introducing our company, SHSH Trading Corp., to your prestigious company.

귀사에 당사를 소개드리게 되어 기쁩니다.

• It is my great pleasure to introduce A to B.

A를 B에게 소개하다. 일반적으로 누구를 소개 시, 그 사람에 대한 설명이 있는 바, 글을 읽는 사람의 편의를 위해, *introduce to B + A + A에 대한 설명*의 형식으로 많이 사용함.

It is my great pleasure to introduce to you Mr. SH Kim, Executive Director of our LTE Phone Division, who will represent our company at the seminar.

☞ SH Kim에 대한 설명이 있음

패턴 연습

이번 기회에 ~하다, ~할 기회를 잡다:

would like to take/seize this opportunity to 동사 원형;
would like to take/seize this opportunity of ~ing

We would like to take this opportunity to expand our business line to semiconductors.

이번 기회에 반도체로 사업을 확장하고 싶습니다.

We wish to take this opportunity to thank you very much for your strenuous efforts of selling our touch screen.

이번 기회에 당사의 터치스크린 판매를 위한 귀사의 부단한 노력에 감사드립니다.

• have an/the opportunity for/of ~ing; have an/the opportunity to 동사 원형:
~할 기회가 있다

- lose/miss/neglect no opportunity of ~ing; lose/miss/neglect no opportunity to 동사 원형: ~할 기회를 놓치지 않다

대한무역진흥공사를 통해 귀사를 알게 되었음.
We received your esteemed company's name through Korea Trade Promotion Corporation.

TTK사 사장인 SH Park의 소개로 귀사에 연락드리게 되어 영광스럽습니다.
Through the courtesy of Mr. SH Park, President of TTK Corp., we have the honor of writing this message to your prestigious company.

패턴 연습

~의 소개로 : through/by the courtesy of ~

We, Nena Trading Corporation, are pleased to learn about you and your esteemed organization through the courtesy of Mr. GH Park, President of Nena Cable, Inc.
당사 네나무역은 네나전선 사장 소개로 귀하 및 귀하의 조직을 알게 되어 기쁨.

- by courtesy; as a matter of courtesy : 예의상, 호의로, 무료로
- to return the courtesy : 답례로

2 회사 소개 내용

연혁

company introduction - profile(at a glance)

☞ 연혁에는 일반적으로 아래 사항 정도만 간단히 기재한다.

회사 이름 : name of company	설립년도 : year of establishment
대표이사 : president & CEO	납입 자본금 : paid-in capital
매출액 : sales, sales revenue, revenue	본사 소재지 : address of headquarter

종업원 수(총, 연구소, 품질 관리, 생산) : number of employees(total, R&D, QC, production line)

직원이 총 500명이다. 80%가 생산라인에서 일하며, 10%가 연구소, 5%는 품질 관리, 4%가 영업부서, 1%가 총무부에서 일하고 있다.

We have a 500-person work force. 80% are working at the production line. 10% are R&D engineers. 5% are QC, 4% are at Sales Department, and 1% at General Affairs Department.

• work force : 직원, 노동 인구, 인력

　We have a 500-person work force. ☞ Our employees are 500 persons.

　☞ 연구소 직원의 전체 직원 비중, 연구개발비가 매출액 대비 몇 %를 차지하는지가 기업 평가 주요 요소 중의 하나다.

사업 분야

우리의 사업 분야는 태양광 유리 수입/판매입니다.

Our business venue is to import/sell solar glass.

귀사의 주 사업 분야가 무엇인지요?

What's your main business venue?

당사는 거의 모든 종류의 화학품을 취급한다.

Our company deals in almost all kinds of chemicals.

• almost all: 거의 모든   • deal in: 취급하다, 관계하다

그 회사는 창립이래로 항상 수익이 났다. 하지만, 그 회사는 단계적으로 사업을 확장하고 있다.

The company always generated profit ever since establishment.

It, however, has been expanding its business step by step.

• ever since   ~한 이래로, 그 후로 쭉

The couple never fought with each other ever since marriage.

결혼한 이래로 싸운 적이 없다.

패턴 연습 ●

~로 사업을 확장하다 : expand business to ~

사업 확장 : business expansion, expansion of business

We have been expanding our business to high technology fields.

고도 기술 사업 분야로 사업 영역을 확장하고 있다.

We hope that you can use all your powers to expand the sales of our LTE mobile phones. In order to complement your best efforts, we will also put forward our best mobile phones. If there is any obstacle, please do not hesitate to contact me personally.

귀하의 모든 역량을 다해 우리의 LTE 핸드폰 판매를 확대하여 주시기 바람. 귀하의 영업력에 걸맞게 우리도 최상의 핸드폰을 제공해 드릴 것임. 걸림돌이 있으면 언제라도 개인적으로 연락 바람.

It is out of doubt that the business cooperation between your company and ours will be expanded and deepened through your newspaper.

이번 신문기사로 귀사와 당사의 비즈니스 협력이 심화될 것으로 확신함.

당사는 2009년 1억불의 핸드폰 안테나 수출액을 달성함. 한국에서 가장 큰 안테나 업체로의 위상을 굳혔음.

Our export amount of cellular phone antenna reached US$100 Mil in 2009.

It solidified the position as the largest antenna company in Korea.

패턴 연습

~로의 위치를 굳히다/굳건히 하다 : solidify the position as ~

The company solidified the position as Korea's undisputed manufacturing leader of a variety of parts and components for mobile phone.
그 회사는 핸드폰 부품 업체의 선도 기업으로서의 입지를 확실히 굳혔다.

- undisputed: out of question; beyond question:
  의심할 것 없는, 이의 없는, 확실한, 논쟁의 여지가 없는
  out of the question; impossible: 불가능한

- dispute with/against A (about/on/over) B: B에 대해 A와 논쟁하다
  General Manager disputed with manager (about) the cause for defectiveness.
  부장은 과장과 불량 원인에 대해 논쟁했다.

- beyond/out of/past/without dispute: ~논란의 여지없이, 분명히
  in dispute: 논쟁 중의, 미해결의   a point in dispute: 논쟁점

우리는 LTE 핸드폰을 수출하며, 연간 규모는 천억 불이다.

Our export is LTE cellular phone, and the annual amount is US$100 billion.
Our annual export amount of LTE cellular phone is US$100 bil.
Our export amount of LTE cellular phone is US$100 bil/year.
- annual; yearly: 연간의

당사는 당 그룹의 15개 계열사의 후원을 받고 있는 종합 무역 상사임.

We are a leading general trading company, backed up by fifteen sister companies of our Group.

- venue/line/field/area of business;
  business   venue/line/field/area: 사업 분야
  That's not (in) my line of business.   그것은 내 분야가 아니다.
  Everybody's business is nobody's business.   (속담) 공동책임은 무책임.

- venue/area/field of cooperation: cooperation venue/area/field: 협력 분야

패턴 연습

~로 (잘) 알려져 있다 : be known as ~

In the technology business, we are known as a pioneer importer not only of facilities and materials, but also of technical know-how.
기술 사업 분야에서 당사는 설비/자재를 비롯하여 기술 수입의 선도적인 업체로 유명함.

• pioneer/herald/harbinger: 개척자, 선구자, 솔선자, 주창자, 선봉

패턴 연습

후원하다, 지지하다 : back up

SH EMI Shielding Co., Ltd., is backed up by the owner of one big company, which is one of the largest mobile phone companies in the world, and so its future is bright.
SH이엠아이는 세계 최대의 핸드폰 회사 들 중의 한 회사의 오너가 후원하는 바, 전망이 밝다.

• EMI: electromagnetic interference(전자파 잡음/간섭)
• EMC: electromagnetic compatability(전자파 양립성/적합성)

The purchasing manager's tip on the internal progress with the present vendors was priceless. Backed up by the tip, the company could submit the competitive price as the potential vendor.
현 협력업체들과의 내부 진행 사항에 대한 구매 과장의 귀띔은 더 없이 소중했다. 그 귀띔에 의거, 그 회사는 잠재 협력업체로서 경쟁력 있는 가격제시가 가능했다.

Tip 잠재 고객에게 가격 제시

잠재 고객의 현 납품 업체들이 문제가 없으나 잠재 고객이 단순 이원화, 삼원화의 목적으로 협력업체 추가 시, 협력업체가 되고자 하는 신규 업체는 어떤 잇점을 잠재 고객에게 제시하여야 한다. 일반적으로 현재의 납품 업체보다 낮은 가격이 제시되어야 신규 업체 등록이 가능하다. 물론 현재의 납품업체가 문제를 야기하고 있는 경우는 상황이 완전히 상이하다. 따라서 현재 납품업체의 현황(문제 야기 여부, 납품가 등등)을 정확히 알 수 있다면 잠재 고객에게 얼마의 가격을 제시하면 납품업체가 될 수 있는지 답이 나온다. 이 정보가 없으면 필요 없이 낮은 가격을 제시할 수 있다. 정보는 장사의 생명이며, 수익의 원천이다.

사업 다각화를 조심하여야 한다. 지금과 같은 불경기에는 일부 특정 사업에만 집중하는 것이 좋다.
You should be careful about business diversification. It's better for you to focus your corporate energy and resources on a few specific business areas under the present, sluggish economy situation.

패턴 연습

다각화, 다각화하다 : diversification, diversify

The company's acquisition of the chemical company means its business diversification.
그 회사의 화학 회사 인수는 사업 다각화를 의미한다.

패턴 연습

시장 전망이 밝다 : market prospect is bright

The prospects of a high demand for your product in our domestic market are bright, and we would like to work together with you as a reliable business partner to realize these prospects.
귀사 제품은 우리의 내수 시장에서 높은 수요가 있을 것으로 전망된다. 이러한 시장 전망을 실제 비즈니스로 구체화시키는 신뢰할만한 비즈니스 파트너로서 귀사와 협력하기를 원함.

패턴 연습

집중하다, 모으다, 전력을 기울이다 : focus/concentrate/centralize   on
focus one's attention on ~: ~에 주의를 집중시키다
in focus: 초점이(핀트가) 맞아, 뚜렷하여, 표면화되어
out of focus: 핀트를/초점을 벗어나, 흐릿하여

You should concentrate your time and money on the business so that you can succeed.
성공하기 위해서는 사업에 시간과 돈을 집중해야 한다.

He could not concentrate his energy on the business since he parted from her.
그녀와 결별 후 사업에 전념할 수 없었다.

The company's investment has been focusing on the cutting-edge technology since its establishment in 1970.
그 회사는 1970년 창립 이래 최첨단 기술에 집중 투자하고 있다.

생산품

한국 회사들은 신속한 신제품 개발로 이름이 높다.
The Korean companies are famous for fast development of new products.

당사는 고 품질의 핸드폰과 LCD TV를 생산합니다.
We make/produce high quality cellular phone and LCD TV.
Our products are high quality cellular phone and LCD TV.

당사의 제품군은 품목 리스트와 카탈로그에 명기되어 있는 미국에서 보편적인 주거용 상업용 제품뿐만 아니라 OEM으로 공급하고 있는 제품들도 망라하고 있다.
Our product line covers not only all of the residential and commercial products popular in the USA, which are well described in our item lists and catalogs, but also products supplied on an OEM basis.

패턴 연습

A뿐만 아니라 B도: not only A but also B; B as well as A
☞ 동사는 B에 따라 단·복수 결정

Not only KFS Aluminum but also Nena Aluminum cut down the price drastically in order to survive after increasingly worsening world economy.
KFS 알루미늄뿐만 아니라 네나 알루미늄도 날로 악화되고 있는 세계 경제 속에서 살아남기 위해 대폭적인 가격 인하를 단행했다.

As you may know, our company is one of Korea's largest and most diversified traders, handling not only the products of its sister companies within the KFS Group, but also those of numerous other firms.

아시다시피, 당사는 한국의 가장 크고 사업이 다각화된 무역 회사의 하나로 당사는 KFS 그룹 내 자매회사 제품뿐만 아니라 다른 회사 제품도 취급하고 있음.

본사, 지사

우리 본사는 한국 서울에 위치하고 있으며, 4개 국가에 5개의 해외지사를 보유하고 있다.

Our headquarters is located in Seoul, Korea. We have five overseas branches in four countries.

• headquarters; main office; principal office: 본사

상해 공장은 주문의 쇄도로 인력이 부족하다.

Our Shanghai factory is short-staffed because of a rush of orders.

• short-staffed: 인력이 부족한   • rush; avalanche: 쇄도

거래선

우리 생산품의 주 고객은 기저귀 회사이다.

The major customers of our product are diaper-making companies.

당사의 주 고객은 모두 ~같이 세계적인 회사들이다

All of our main customers are world-renowned companies such as ~.

• world-renowned; world-famous: 세계적으로 유명한
• main customers; major customers: 주(主) 고객, 주요 고객
• main business: 주(主) 사업, 주요 사업

전국적으로 고객이 약 50개 정도이다.

We have about fifty customers nation-wide.

그 회사는 그 고객의 오더를 수주할 수 없었다. 그 사유는 그 회사가 생산을 할 수 없어서가 아니라 고객이 너무 단 납기를 요구했기 때문이다.

The company could not receive the customer's sudden order. It was not because the company could not produce the order but because the customer asked for too short delivery.

☞ 주문 생산의 경우, 납기가 맞지 않아 갑작스러운 오더 수주 않는 경우도 있다.

패턴 연습

~때문이 아니고 ~때문이다: it is not because ~but because ~
                                         it is not that ~but that~

He could not get promotion on time. It was not because he was unable but because the company streamlined its organization.
그는 적기 승진이 불가하였다. 그 사유는 그가 무능한 것이 아니고 회사의 조직 합리화였다.

거래처를 잃고 나서야 거래처의 중요성을 알게 된다.
It is not until we lose our customers that we realize the importance of customers.

패턴 연습

~하고서야 비로소 ~하다: it is not until ~that ~

It is not until we lose our health that we realize the importance of health.
건강을 잃고 나서야 건강의 중요성을 안다.

이상적인 파트너

모든 해외업체들이 SHJ 전자 회사를 같이 일할 이상적인 파트너로 간주한다.

All the companies overseas regard SHJ Electronics, Inc., as an ideal partner to work with.

• an ideal partner to work (together) with: 같이 일할 이상적인 파트너

3 카탈로그 송부

귀사의 당사에 대한 이해를 돕기 위해 당사 카탈로그를 송부 드립니다.

For your better understanding of our company, we enclose herewith a copy of our company catalog.

귀사의 무선 통신 제품용 그래파이트 카탈로그를 첨부와 같이 송부드립니다.

We send our e-catalog of graphite for your wireless telecommunication products as the attachment.

• **graphite**: 방열 목적으로 무선 통신제품에 사용됨.

패턴 연습 •

~하는데 도움/소용이 되다, 쓸모 있다, 알맞다, 족하다, 편리하다: serve to 동사 원형

Your immediate measures served to calm down the QC manager who was very angry at quality problem.

즉각적인 조처가 품질 불량으로 화가 많이 난 품질 과장을 진정시키는데 도움이 되었다.

• The excuse does not serve you.　　　　　　　　　그 변명은 소용없다.

First come, first served.　　　　　　　　　빠른 사람이 장땡, 선착순

상세한 검토/평가를 위해 치수 측정기계의 상세 사양/카탈로그를 송부하게 되어 매우 기쁩니다.

We are very pleased to send you the catalog of sizing machines together with their technical specifications for your detailed review and evaluation.

4 프레젠테이션 송부

즉시 참조할 수 있도록 회사 프레젠테이션 송부 드립니다.

For your quick reference, we enclose our company presentation.

우리는 언제든지 잠재 고객에게 상세한 프레젠테이션을 할 준비가 되어 있다.

We are   ready/prepared   to make a detailed presentation to the potential customers any time.

We are   ready/prepared   for a detailed presentation to the potential customers any time.

패턴 연습

● ~할 준비가 되어있다

　ready/prepared to 동사 원형; prepared/ready for ~ing/명사

We are ready to send you all the available materials such as samples, catalogs, and price list.
견본, 카탈로그, 가격표 등 활용가능 모든 자료 송부 준비 완료되어 있음.

We are prepared to accept your price cut, unless it is drastic.
가격 인하 폭이 급격하지 않다면 기꺼이 가격 인하 받아 드리겠습니다.

패턴 연습

언제든지: any time
Any time is OK with/for us.
우리는 언제든지 괜찮다.

Your investment in our technology is welcome any time.
당사 기술에 대한 투자는 언제든지 환영합니다.

---

5 홈피 소개

보다 상세한 내용은 당사의 홈페이지(http://www.hsshhs.com)를 참조바랍니다.

For more detailed information, please refer to our homepage (http://www.hsshhs.com).

현재 새로운 홈페이지 구축 중임. 다음 주 월요일부터는 주문 사항을 당사 홈페이지에 연결시켜 진행 시킬 수 있습니다.

Our new homepage is being constructed. From next Monday, you can connect to our new homepage for order-processing.

당사 홈페이지가 현재는 영어만 가능하여 죄송합니다. 이삼 개월 이내에 중국어 홈페이지가 구축 될 것입니다.

We are sorry that, at the moment, our homepage is available in English only. Chinese homepage is to be constructed within a few months.

보다 상세한 사항은 당사 홈피에 있지만, 당사를 즉시 이해할 수 있도록 회사 프레젠테이션을 송부 드립니다.

Although more detailed info can be gotten from our homepage (http://www.shsh.com), we send our company presentation to you for your quick understanding of our company.

☞ 잠재 고객에게는 반드시 프레젠테이션을 제시하면서 홈피 얘기를 해야지 프레젠테이션 없이 홈피에 나와 있으니 홈피 참조하라고 하는 것은 고객지향적이 아니다.

6 연락 요청

당사가 도와 드릴 일이 있으면 언제든지 연락바람.

Whenever you need our assistance, please feel free to contact us any time.
Please don't hesitate to contact us any time if there is anything that I can
be of help with.

• 언제든지 ~하다: feel free to 동사 원형; don't hesitate to 동사 원형

귀하의 편의를 위해 홍콩 지사 주소 통보 드립니다. 당사 홍콩 지사원과 상호 관심사에 대한
의견 교환 가능함.

For your convenience, the address of our Hong Kong branch is given below,
where you can exchange opinions on matters of mutual interest with our
representative.

귀사와 상호 호혜적인 비즈니스 관계를 구축하고 싶음. 사업가능성이 있거나 당사에 대해
궁금한 사항 있으면 연락바람.

Our goal is to have a mutually beneficial business relationship with
your company. I encourage you to contact me if you have any business
possibilities or if you would like further information about our company.

| Tip | mutually beneficial(상호 호혜적인) |

Business의 기본 원칙임. 쌍방이 만족하지 않은 거래는 long-term이 되기 어려움.
일반적으로 buyer, seller의 개념과 business partner의 개념은 약간 차이가 있다. 물품의 매도자는
seller이고 매수자는 buyer이다. Partner는 일반적으로 in the same boat에 있어 서로 상대방의 입장을
고려하며 공동의 목적을 위해 같이 가는 장기 거래 동반자의 관계를 내포한다. 거래처와의 가격 협상
시 괴리가 있으면, "We are looking for business partners, not buyers."등의 말을 던지는 것도 주효할
수 있다. 물론 각 국가에서 영어 단어 의미가 약간 상이할 수도 있는 바, 단어의 의미는 상황에 맞게
해석하는 것이 좋다.

우리의 목적은/목표는 ~하는 것이다:

Our   goal/objective/purpose/aim/target   is to 동사 원형

Our goal is to become the largest mobile phone company in the world.
우리의 목표는 세계에서 가장 큰 핸드폰 회사가 되는 것이다.

Our objective is to generate annual sales of US$10 billion.
우리의 목표는 연 매출액 100억불을 달성하는 것이다.

A가 ~하도록 격려/고무하다: encourage A to 동사 원형

encourage A to 동사 원형: A가 ~하도록 격려하다
discourage A from ~ing: A가 ~하지 못하도록 방해하다
persuade A to 동사 원형: A가 ~하도록 설득하다
dissuade A from ~ing: A를 설득하여 ~하는 것을 단념시키다

The chemical engineer's joining the company encouraged its president to invest in the development of new products.
그 화학 기술자의 회사 입사는 그 회사 사장이 신제품 개발에 투자하도록 고무했다.

The bad cash flow discouraged the company from pursuing new projects.
현금 흐름이 좋지 않아 신규 프로젝트 추진이 어려웠다.

첫 단계로, 귀사에서 당사를 방문. 새롭게 개발한 물질한 대해 프레젠테이션을 하기 바랍니다. 그 물질이 당사 전화기에 적용될 수 있는지 평가하고 싶습니다.

As a first step, I would like you to visit us and to make a presentation on your newly developed material. We want to evaluate whether the material can be adopted on our phone or not.

패턴 연습

첫 단계로: as a first step

As a first step, we would like to propose the following basic countertrade - you would sell us 50,000 M/T of rape seed meal in exchange for 40,000 M/T of urea.

첫 단계로 다음 카운터 트레이드를 제안합니다. 4만 톤의 요소(尿素)와 5만 톤의 채종박을 맞교환하는 것입니다.

• in exchange for: ~대신의, 교환으로
• countertrade: 연계무역, 수출과 수입이 연계된 무역으로 대응무역 또는 조건부 무역이라고도 한다.
• urea: 요소(尿素 : 비료의 원료)

Chapter 02

상품 거래

구매 조회

당사는 휘어지는 혁신적인 핸드폰을 개발 중에 있습니다. 여기에 사용될 수 있는 터치스크린을 구하고 있습니다. 귀사에서 공급 가능하면 즉시 연락주세요.

We have been developing an innovative, flexible handset. We are looking for touch screen to this end. If you can supply this kind of touch screen, please contact us immediately.

• to this end/purpose: 이러한 용도의/목적의

그 회사는 다음 장에 표시되어 있는 품목과 수량을 수입할 의사가 있음.

The company has the intention to import the items and quantities listed in the next page.

패턴 연습

~하려고 하다, ~하려고 하는 의지가 있다:
have the intention to 동사 원형: have the intention of ~ing

The company has the intention of coming down its price if long-term business is possible.
그 회사는 장기 거래가 가능하다면 가격 인하 의사가 있다.

최근 큰 건설 회사 한 곳으로부터 품질 좋은 대리석을 구해달라는 요청을 받음. 그 건설 회사의 구매담당 임원과는 아주 좋은 관계를 유지해 오고 있음.

Recently we were requested to source quality marble by one big construction company, with whose purchasing director we had been keeping an excellent relationship.

패턴 연습 ●

~와 좋은 관계를 유지하다: keep an excellent relationship with

We keep an excellent relationship with the largest handset company in the world, as we have been making handset housing for the company more than 20 years.

당사는 세계 제 일의 핸드폰 회사에 이십년 넘게 핸드폰 케이스를 공급하고 있는 바, 그 회사와 좋은 관계를 유지하고 있다.

• handset housing: 핸드폰 하우징(케이스, 껍데기)
  ☞ 이런 제품을 만드는 업체를 사출업체(plastic injection company) 라고 한다. 이런 제품을 만들기 위해 금형을 만드는 금형업체는 tooling company 또는 molder라고 한다. 붕어빵을 만드는 틀이 금형이고 붕어빵이 사출 제품인 것이다.

틈새시장에 집중하면 큰 수익을 얻을 수 있다. 가격 산정용 도면 송부하겠음. 가격 산정 준비하고 계세요.

We can make a huge profit if we focus on niche market. We will send the drawing for your quotation. Please sharpen your pencil until then.

• niche market: 틈새시장
• sharpen the pencil: 작업준비 하다

이러한 잠재 품목과 관련, 귀사의 어떤 제안이든 아주 기꺼이 주의 깊게 볼 것입니다.

We will most willingly look into any suggestion you may have concerning potential items.

• look into: ~을 들여다보다, ~을 조사/연구하다

패턴 연습

기꺼이 하는/자발적인: willing　　　　　　　　기꺼이, 자발적으로: willingly
마음이 내키지 않는/본의 아닌: unwilling　　　마지못해, 억지로: unwillingly
be willing to 동사 원형 ↔ be unwilling to 동사 원형

I am willing to follow you. ↔ I am unwilling to follow you.
함께 가도 상관없습니다.　　　　　　함께 가고 싶지 않습니다.
We are willing to accept your price cut, unless it is drastic.
가격 인하 폭이 급격하지 않다면 기꺼이 가격 인하 받아 드리겠습니다.

willing or unwilling: 좋든 싫든
You are required to attend the seminar tomorrow, willing or unwilling.
좋든 싫든 내일 세미나 참석해야 된다.

There were many willing helpers.　　　자진해서 도와주겠다는 사람들이 많았다.

패턴 연습

~하기 싫어하는/마지못해 ~하는: reluctant to 동사 원형

He was reluctant to make a trip to Japan because his wife is expected to give a birth sooner or later.
아내가 곧 출산 예정이라 일본 출장가기를 꺼려했다. ☞ 갔는지 안 갔는지 확실치 않음

Reluctantly he made a trip to Japan.　　　　일본에 마지못해 갔다.
☞ 간 것은 확실함.

판매 조회

당사는 한국에 있는 전기제품 수출 선도 기업의 하나임.
We wish to introduce ourselves as one of the leading exporters of various kinds of electric products in Korea.

참고로 당사 카탈로그 송부 드리오니 관심 있는 품목이 있기 바랍니다.

For your reference, we have enclosed our catalog. We hope that some items interest you.

- enthusiastic: 열심인, 열광적인   an enthusiastic soccer fan: 열광적인 축구팬
  an enthusiastic welcome: 열렬한 환영
- take the opportunity/chance to 동사 원형; take the opportunity/chance of ~ing:
  ~할 기회를 갖다, 기회를 빌어 ~하다
- for your reference/information: 참고로 (← 약자로 **FYI**를 많이 사용)
  for your quick reference/information: 빨리/즉시 참고가 되도록
  e-mail에서는 information대신 info도 많이 사용된다.

패턴 연습 ●

선도적인 ~이다, 선도 기업의 하나:
a leading ~, one of leading ~

SHHS Trading Corporation is a leading company in solar energy industry.
SHHS 무역은 태양광 산업에서 선도적인 회사이다.

당사는 초경공구, 절삭/정밀 공구와 같은 산업용 공구를 전문적으로 취급 합니다.

We specialize in industrial tools such as carbide tools and cutting/precision ones.

패턴 연습 ●

전문적으로 취급하다, 전공이다: specialize in

We specialize in touch screens for cellular phone and tablet PC.
당사는 핸드폰 및 태블릿 PC용 터치스크린을 전문적으로 취급하고 있습니다.

He specializes in economics.
그의 전공은 경제학이다.
- specialized knowledge: 전문 지식   a specialized magazine: 전문지

일의 진행을 빨리하기 위해, 문의시 도면과 견본을 같이 주시기 바랍니다.

We welcome inquiries accompanied by drawings and samples to expedite our consideration.

상기 제품들의 수입에 관심 있으면 언제든지 우리에게 연락하세요. 사양 및 도면을 주시면 제반 업무 신속 진행 가능함.

If you are interested in importing the above products, please feel free to contact us. To expedite our business possibility, we welcome detailed specifications and relevant drawings.

패턴 연습 ◉

편하게 ～하세요: feel free to 동사 원형; don't hesitate to 동사 원형

Whenever you need our assistance, please feel free to contact us any time.
당사가 도와 드릴 일이 있으면 언제든지 연락바람.

Please don't hesitate to contact me any time if there is anything that I can be of help with.
제가 도움 될 일이 있으면 언제든지 연락하세요.

패턴 연습 ◉

환영하다, 원하다: welcome

We welcome your visit to our factory any time. 언제든지 공장 방문을 환영합니다.

We welcome your order any time. 언제든 주문만 하십시오.

귀사가 당사의 새로운 터치스크린으로 거래 시작할 입장에 있다면 귀사의 의견, 세부 도면, 예상 연간 수요 및 가격 등을 알려주기 바람.

If you are in a position to start business of our new touch screen, please let us have your opinions, detailed drawings, estimated annual demand, and pricing.

패턴 연습

관심을 확인하다 : ascertain one's interest

We explained to R&D engineers about a new shielding way for three hours, but could not ascertain their interest on the spot.
연구소 기술자들에게 새로운 전자파 차폐 방법에 대해 3시간이나 설명했으나 현장에서 관심사 확인은 불가했다.

- ascertain what really happened: 일의 진상을 알아보다
  ascertain whether or not the market report is true: 그 시장 보고서의 사실 여부를 확인하다

해외지사 연락 요청

당사 홍콩지사의 주소는 아래와 같으며, 당사 홍콩 지사원과 상호 관심사 의견 교환 가능함.

For your convenience, the address of our Hong Kong branch is given below, where you can exchange opinions on matters of mutual interest with our representative.

양사 간 사업 추진을 용이하게 하기 위해 당사의 칭따오 지사에 언제든지 연락하세요.
연락처는 다음과 같음.

To facilitate potential business between our two companies, you may contact any time our branch in Qingdao. The point-of-contact at the branch is as below.

패턴 연습

사업을 신속히 처리하기 위해, 촉진하기 위해:

(in order) to   facilitate/expedite/propel/accelerate   business

To expedite this business, please send us the information we have requested in our message. After receiving your information, we will prepare our preliminary proposal in order to discuss further details with you.
본 사업을 신속히 추진하기 위해 우리가 요청한 정보를 보내주시기 바람. 정보를 주시면 귀하와 상세한 상담을 위한 제안서 준비하겠음.

Please accelerate the production this weekend. Otherwise we will be most/ highly likely to receive a claim for the late shipment.

이번 주말에 생산에 박차를 가해라. 그렇지 않으면 선적 지연 클레임을 받을 가능성이 아주 크다.

구매 제품 대체 권유

당사는 세계에서 가장 큰 MLCC 회사입니다. 최근 생산 라인 증설로 어느 공급업체보다 경쟁적인 가격을 제시드릴 수 있습니다. 궁금하거나 필요한 사항 있을 시 언제든지 연락주십시오.

We are the largest MLCC maker in the world. Recently we have finished setting up one more production line, which allows us to offer more competitive price to customers than any other supplier. If there is anything which you need and/or are curious about, please contact us any time.

• MLCC(multi layer ceramic capacitor): 적층 세라믹 커패시터

패턴 연습

A가 ~하게 허락하다: allow/permit A to 동사 원형~

그러나 당사의 회사 정책상 거래 실적이 상당하기 전 에는 그 어느 누구에게도 독점 판매권을 부여하지 않음.

However, our company policy does not allow us to grant exclusive sales rights to any firms before we have held substantial business dealings with them.

불량 대책을 다음 주 월요일까지 제출토록 허락해주세요.

Please permit us to submit our countermeasure for the defective quality by next Monday.

가격은 저가이면서 고품질인 당사의 제품을 귀사에서 취급 시 귀사는 경쟁 우위를 갖게 될 것임.

Our low cost and high quality allow you to secure competitive advantage.

수입 가능 품목 선정 통보

제안하신 품목 중 수입 가능 품목을 선정, 내주 금요일까지 상세 내역 통보드리겠습니다.

Among your proposed items, we will select the items which we can import, and will inform you of details by next Friday.

경쟁력 있는 가격을 제시한다면. 우선 바다가재를 수입하고 싶습니다.

We would like to import your lobsters first if you can offer competitive terms.

우선, 당사 핸드폰에 적용 고려하고 싶은 첫 번째 품목은 귀사의 오버몰딩 개스킷입니다.

To start with, the first item that we are interested in adopting to our cellular phone is your overmolding gasket.

• overmolding gasket: 금형/사출을 활용하여 어떤 제품위에 개스킷 원료를 바로 성형시켜 제조하는 개스킷

패턴 연습 ●

우선 무엇보다도, 첫째: to start/begin with; firstly; first of all; first and foremost; as the most important thing

Your business plan is not feasible. To begin with, our company's financial status is not good enough for investment in a big project.
귀하의 사업 계획은 실현 가능성이 없다. 우선, 당사의 재정 상태가 큰 프로젝트에 투자할 만큼 좋지 않다.

First and foremost, our objectives is to maintain the mutually beneficial business relationship between your esteemed company and ours.
우선 무엇보다도 우리의 목적은 귀사와 상호 호혜적인 관계를 지속하는 것임.

Chapter 03

상 담

1 일반적인 사항

양사 업무 협조 기대

지난 금요일 우리가 논의한 것은 매우 소중하였음.

I hope you are well. I thought that our discussions of last Friday were invaluable.

귀사에 대한 설명 자료는 인상적이었음. 귀하가 필요로 하는 정보(자료)를 동봉함.

The descriptive material about your company was very impressive, and I am pleased to enclose your required information.

☞ 표현은 여러가지

The descriptive material about your company was very impressive.
The descriptive material about your company impressed me.
The descriptive material about your company made an impression on me.
I was impressed at the descriptive material about your company.

당사 지사와 귀사 자매사가 인접해 있으니 그들이 직접 서로 만나 논의하기 바람.

I would like our branches and your sister companies in the neighboring locations to hold face-to-face discussions.

• neighboring location: 인접 위치/소재지　　• neighboring countries: 인접 국가들

귀사 공장 방문으로 양사의 가까운 관계가 더욱 더 깊어졌기를 바라며, 지속적인 도움과 후원을 기대함.

I sincerely hope that my visit to your factory has further strengthened the already existing close friendship and cooperation between our two companies, and I look forward to your continuous assistance and support.

패턴 연습

부단한/지속적인 노력: ceaseless/continuous/continued/constant/endless/
unending/never-ending/eternal/incessant/perpetual efforts

The engineers' endless efforts made the company finally succeed in developing new, innovative materials.
연구원들의 부단한 노력으로 그 회사는 마침내 혁신적인 신물질을 개발하는데 성공했다.

Once again, we earnestly hope that you will fully understand and accept our ceaseless efforts for mutual profit, and look forward to hearing favorable news from you soon.
다시 한 번 상호 이익을 위한 당사의 부단한 노력을 가상히 여겨, 우호적인 회신 주기를 기대함.

패턴 연습

기여하다, 공헌하다, 기부하다, 기고하다: contribute to

Your proposed way does not contribute to the solution of the pending issues between us.
귀하가 제시한 방법은 미결 사안 해결에 도움이 되지 않는다.

상담 유익

지난 월요일 품질 관리 미팅은 정말 모든 면에서 유익했다.
Our quality control meeting of last Monday was really instructive in all respects.

우리 모두는 상담을 통해 현 상황을 더 잘 이해하게 되었다고 생각함.

I thought that our discussions gave us both a better understanding of the current situation.

이러한 이해가 향후 발생할지도 모를 문제를 해결하고 양사 간에 돈독한 협력 구축에 도움을 줄 것임.

This understanding will help us resolve problems which might occur possibly in the future, and lead to greater cooperation between our two companies.

패턴 연습

A가 ~하도록 도와주다, ~하는 것을 도와주다: help A (to) 동사 원형

We will open the second L/C if you can help us to immediately resolve the quality problem. We strongly suggest the following actions to resolve this quality issue.
귀사가 품질 문제를 즉시 해결하도록 돕겠다면 2번째 L/C를 개설할 것임. 본 품질 문제 해결을 위해 다음과 같이 제안드림.

패턴 연습

모든 면에서: in all areas/respects

I always consider any business matter in all respects. You are required to consider whether your investment is worthwhile.
나는 항상 어떤 사업상의 일이라도 모든 면의 고려한다. 투자 가치가 있는지를 생각해야 한다.

- in all areas: 모든 분야에서, 모든 면에서　　　　in some respects: 어떤 점에서
  in all respects: in every respect: 모든 점에서

지금 진행 중인 거래와 가능성 있는 거래에 대한 상담은 참으로 좋았음.

I very much enjoyed discussing our current and potential business transaction with you and your staff members.

큰 결실 확신

양사 실무진들의 잦은 접촉으로 새롭게 형성된 BIZ 관계가 상호 도움이 되는 관계로 발전되기를 희망함.

I hope that, through the frequent contacts of our staffs, our newly-established business relation will develop into a mutually beneficial one.

끝으로 귀사의 도움으로 양사의 협력이 좋은 결실을 맺을 것이라고 확신함.

Finally, I take this opportunity to express my confidence that, with your company's assistance, fruits will be borne by our partnership.

- develop into: lead to: grow into: ~로 발전되다
- deepen/strengthen our friendship: 우정을 돈독히 하다

미래에는 우리의 관계를 굳건히 할 많은 기회가 있음을 확신하며, 상호간의 이익 증진을 위해 확실하게 노력할 것임을 확언드림.

I am sure that future holds many opportunities to strengthen our relationship, and assure you of our unequivocal efforts to further our mutual benefits.

- unequivocal: 명료한, 모호하지 않은
  definite, absolute, certain, clear, decisive, straightforward, unambiguous
  ↔ 애매모호한, 확실치 않은: equivocal, vague, ambiguous, noncommittal

금번 이틀간의 상담으로 구체적인 결실을 맺으려 하고 있음.

Our discussions of two days in Seoul are beginning to produce tangible results.

- tangible: 만져서 알 수 있는; 확실한, 명백한, 현실의, 유형의
  tangible asset: 유형 자산 ↔ intangible asset: 무형 자산
  intangible: 만질 수 없는, 무형의(insubstantial), 파악하기 어려운

패턴 연습 ●

의견을 교환하다: exchange opinions
건설적인/결실이 있는/생산적인 의견 교환을 하다
exchange constructive/fruitful/productive opinions

For your convenience, I would like to inform you that the head of our Paris branch office is Mr. TS Jang(E-mail: tsjang@KFS.com, phone: ×××-1234), with whom you can exchange opinions of mutual interest. Please feel free to contact him for any information that you may require.
당사 파리지사의 매니저인 Mr. Jang의 연락처를 알려드리니 상호 유익한 의견을 교환하실 수 있을 것임. 어떠한 정보 요청도 그와 연락하시기 바람.

패턴 연습 ●

판매 목표를 달성하다: accomplish/attain/achieve sales target
판매 목표 달성: accomplishment/attainment/achievement of sales target

It's amazing that he generated a high volume business such a short time after his promotion to manager.
과장 승진 후 그렇게 단기간에 큰 비즈니스를 창출한 것은 놀라운 일이다.

The LCD company could not attain its sales target last year, as the market was oversaturated.
그 LCD 회사는 시장이 과포화되어 작년 판매 목표를 달성치 못했다.

2 수 출

비교 우위 설명 및 판매 타진

당사의 LED등을 귀사에서 현재 구매중인 타국 산 LED등과 비교 시. 품질에 다음 차이점을 발견하게 될 것이다.

If you closely compare your presently buying LED lightings with ours, you will notice the following differences in quality. Moreover our LED lightings are competitive in price.

게다가 가격도 당사 제품이 더 경쟁력이 있을 것입니다. 관심 있으시면 견본 한 개 보내면서 정식 오퍼 드리겠습니다.

We will submit our formal offer together with one sample, if you are interested.

☞ 품질 우위 및 가격 경쟁력을 내세워 일단 구매업체의 관심 유도

• you will notice the following differences in quality;
  the differences in quality are (shown) below for your reference
  품질의 차이는 아래와 같다

• 비교하다: compare with   ~와 비교하여: (as) compared with
  The sales amount of this year went up a lot (as) compared with last year.
  작년에 비해 금년 매출액이 많이 증가했다.

당사에서 최근 개발한 2단(段)층 AR(anti-reflection) 태양광 유리는 현재 어려운 태양광 시장을 돌파할 수 있는 최상의 해결책이다.

Our newly-developed dual layer AR solar glass is the right solution to pull thru the present difficulties in solar energy market.

최상의 해결책: right solution, best solution, optimal solution

You are required to elevate your yield rate by 2% within three months in order to keep your position of vendor. Please submit the right solution by the end of next week.

협력업체의 지위를 유지하기 위해서는 3개월 내 생산수율을 2% 향상시켜야 됩니다. 내주 말까지 최상의 해결책을 제시 바랍니다.

• **yield rate**(생산수율): 생산량에서 양품이 나오는 비율

가격 근거 제시 및 구매 촉구

첨부는 최근 6개월간의 은 입자의 가격 동향입니다.

The attachment shows the price trend of silver particle for the recent six months.

보시다시피 은 입자 가격이 꾸준히 상승하고 있습니다.

As you see, the price has been steadily going up.

주(主) 원료가 은 입자인 당사의 도전성 페이스트 가격은 동 기간 동안 변동이 없었습니다.

The price of our conductive paste, whose main material is silver particle, had not changed at all for that period.

이것은 당사의 기술 개발 덕분입니다.

This is thanks to our technology development.

당사의 도전성 페이스트를 채택하여 주기 바랍니다.

We hope that you will be able to adopt our conductive paste soon.

• **conductive paste**: 도전성 페이스트
  전자파 차폐재의 한 종류이다. 금속 입자와 화확 물질을 혼합하여 만든다. 도전성(전도성이라고도 함)이 좋을 수록 즉, 전기저항이 낮을수록 고가이다. 금속은 일반적으로 가격이 높은 금속일수록 전기저항이 낮다. 금>은>동 순으로 전도성이 좋다.

견본 제시 및 Offer

어제 이메일에 의거 오퍼 드리며, 귀사에서 관심 있는 제품들의 견본을 각 한 개씩 송부 드립니다.

In compliance with your e-mail of yesterday, we send our offer sheet as the attachment, and also send each one sample of your interested items.

패턴 연습

~에 따라, ~에 응하여, ~에 의거하여: in compliance/accordance with; according to; according as ~; accordingly; in obedience to; on the ground of; by/in virtue of;
~에 따라하다, ~에 응하다: comply with ~

In compliance with your requirements, we enclose our leaflets related to your interesting items such as LCD TV, tablet PC, and LTE phone.
귀사의 요구대로 LCD TV, 태블릿 PC 와 LTE 전화기와 같은 귀사의 관심 제품과 관련된 리플릿을 동봉함.

The company complied with its customer's request for the running change after checking what the end-users want.
그 회사는 최종 소비자가 뭘 원하는지 조사한 후 고객의 런닝 체인지 요청을 받아 들였다.

The salespersons generating good sales should be treated accordingly.
실적이 좋은 판매원들은 거기에 상응하는 보상을 받아야한다.

Point 사양 변경(running change, engineering change)

품질 개선, 원가 절감, 성능 향상, 고객의 욕구 반영 등의 목적으로 필요에 따라 일부 사양을 변경하는 것을 engineering change 또는 running change라고 한다.

이는 제품 양산 도중에도 일어날 수 있다. 사양이 변경될 때는 즉시 모든 관련 부서/업체에 통보하여야 한다. 이를 ECN(engineering change notice)이라고 한다. ECN에 들어가는 주요 내용은 변경 내용, 변경 사유, 변경 승인자 등이 기록 되어 이력 관리한다.

본 주문과 관련, 귀사 자체 소재로 견본 2개 제작해서 송부바람. 견본 용도는 당사 고객과 당사의 품질 검토용임.

With regard to this order, please make two sets of counter samples using your own materials as per our order, and send them to us for our customer's and our own quality checks.

- as per our order/sample: 우리의 주문/견본대로
  as per specification attached: 첨부 명세대로

패턴 연습

반대/제시 견본: counter sample

When your counter samples are accepted by our customer, we will instruct you further on next steps.
귀사 제시 견본이 승인되면 다음 조처 사항에 대해 통보 드리겠음.

제품 가격 제시

당사의 이음새 없는 스테인리스 파이프와 튜브는 미국/일본 및 다른 어떤 품질 규격에도 부합되는 바, 귀사에서 요구하는 어떤 사양이든 충족시킬 수 있습니다.

Our seamless stainless steel pipe and tube are available in accordance with ASTM, JIS and other standards, and can fully meet whatever requirements and specification you may have.

구매하기로 결정하시면 경쟁력 있는 가격, 탁월한 품질, 신속한 납기를 보장 드립니다.

If you decide to purchase our seamless pipe and tube, we can assure you of competitive prices, excellent quality, and prompt delivery.

☞ 각 국의 공업 규격에 부합되어야 해당 국가에서 판매가 용이하다. 일부 제품은 공업 규격 승인을 득하지 못하면 수입 자체가 되지 않는다. 한국 KS, 미국 ASTM, 일본 JIS.

패턴 연습

~를 확신하면 된다, 믿어도 된다: We assure you of ~; We assure you that ~; Please rest assured that ~:

We assure you that our price and quality are the most competitive.
당사의 가격과 품질이 가장 경쟁력이 있다고 믿으시면 됩니다.

Please rest assured that we are always at your service.
당사는 귀사에 최상의 서비스를 제공할 것임을 약속드립니다.

3 수 입

수입 판매에 대한 제안

궁극적인 마케팅 결정은 당사에 의해 결정됨.

The ultimate marketing decisions are in our hands.

이러한 결정은 우리가 할 것이며, 이는 고객의 수요를 반영할 것임.

Our actions will be our own and will reflect the demands of customers.

당사는 건축자재 분야에서 매우 강하다. 왜냐하면 당사 자매회사 중 하나가 한국에서 가장 큰 건설 회사이기 때문입니다.

We are very strong in the area of construction materials, as one of our sister companies is the largest construction company in Korea.

만약 오퍼할 수 있는 양질의 건축 자재가 있을 시 상세 내역 통보주시면 수입 검토하겠음.

If you have any quality construction materials to offer, please detail the items so that we can consider importing them into Korea.

패턴 연습

분야에서, 부문에서: in the area/field/venue of

On behalf of our President, I received your e-mail of last Friday, kindly informing us again that your expertise could be helpful in the area of dumping duties.

당사 사장님을 대신해, 덤핑 관세 해결사 역할 제안에 대한 지난 금요일자귀하의 이메일을 수취함.

수입 판매 희망 및 일정 제시

귀사의 광학 렌즈를 여기에 있는 핸드폰 회사에 판매토록 하여 주시면 3개월 이내 10만개 발주 가능합니다. 물론 귀사의 품질과 가격에 따라 상황 변동될 수도 있습니다.

If you can allow us to sell your optical lens to cellular phone companies here, we can place an order for 100,000 PCS within three months, subject to your quality and price.

당사를 독점 대리점으로 하여 주시면 즉시 항공기 한 대분의 돼지를 발주 할 수 있을 것임.

I think that we can immediately obtain for your firm a pig order of one planeload if you appoint us as your sole agent here in Korea.

사업 일정 다음과 같이 제안드림. 시범 기간은 일 년 입니다.

I would like to suggest the following timetable. The duration of trial agency will be one year, from January 1, 2009 to December 31, 2009.

• be associated/related/connected with: ~관련되다

잠재시장 적기 진출은 사업 성공 주요 요소들 중의 하나이다.

To come to the potential market timely is one of the important factors to business success.

패턴 연습 ●

중요한 ~중의 하나다: be one of the important ~
주된 ~중의 하나다: be one of the principal/main/major ~

At present, image sensors are one of the important fields in our plans. We will be able to place an order for one 20″ container of image sensors within one month if you can allow us to sell them.

현재 이미지 센서는 우리 계획에 있는 중요한 분야중의 하나이다. 당사의 판매를 허락하여 주신다면 20피트 컨테이너 한 대 분의 오더는 1개월 이내 발주할 수 있을 것입니다.

The delivery is one of key factors to business success. We are known as the company who never failed to deliver customers' orders timely.

납기는 사업 성공에 필요한 주요 요소들 중 하나이다. 당사는 고객의 오더를 항상 적기에 공급한 업체로 유명하다.

수입을 위한 상세 자료 요청

귀사의 재질을 수입 결정하기 위해서는 상세한 사양, MSDS, HS 번호와 견본 10 kg가 필요합니다.

In order for us to decide on the import of your material, we need their detailed specification, MSDS, HS No, and 10 kg of sample.

패턴 연습

in order for A to 동사 원형: A가 ~하기 위해서는

In order for our company to elevate the yield rate of OLED TV, all the vendors are required to supply quality parts.

당사가 OLED TV의 수율을 올리기 위해서는 모든 협력업체들이 양질의 부품을 공급해 주어야 한다.

In order for you to catch the flight for Inchon at Hong Kong Airport at 11:50 PM, you have to catch the ferry for Hong Kong Airport at Shenzen ferry terminal at 9 PM at the latest.

홍콩 공항에서 인천향 밤 11시 50분 비행기를 타기 위해서는 심천 페리 터미널에서 늦어도 9시에 홍콩 공항으로 가는 페리를 타야 한다.

Point MSDS(Material Safety Data Sheet): 물질 안전 보건 자료

화학물질을 안전하게 사용하고 관리하기 위하여 필요한 정보를 기재한 내용으로 제조자명, 제품명, 성분과 성질, 취급상의 주의, 적용법규, 사고시의 응급처치방법 등이 기입되어 있다. 처음 수입되는 화학품의 경우, MSDS가 요구될 때가 많다.

태양광 유리를 수입하고 싶습니다. 품질 보증을 할 수 있는 가장 얇은 유리의 사양을 통보 바랍니다.

We would like to import your solar glass. Please give us the detailed specification of the thinnest solar glass whose quality you can guarantee.

패턴 연습

~를 수입하고 싶습니다. ~를 수입하기를 원합니다
would like to import ~; want to import ~; hope to import ~

One of our customers would like to import motors with gear from you as per the enclosed specification.
당사 고객 중 한 회사가 귀사로부터 첨부된 사양의 기어 달린 모터의 수입을 원함.

We hope to import high-quality bicycles for children. Can you supply them for us?
고 품질의 어린이 자전거를 수입하고 싶습니다. 공급 가능한지요?

Offer 요청

핸드폰 케이스용 폴리카보네이트 100톤을 오퍼 주시면 감사하겠습니다.
I would appreciate it if you could offer 100 MT of PC for handset housing .

그린랜드의 빙하수를 공급 가능한지요?
Can you offer us glacial water from Greenland?

300~500 와트 LED등을 오퍼 바랍니다.
Please give us your offer for LED lightings with 300 ~ 500 Watt.

거래선 접대

일정 조율

금번 가족과 같이 한국 방문하는 것을 대 환영합니다.

We will roll out the read carpet for you and your family.

이틀이내 잠정 일정 작성, 협의 드리겠습니다.

We will get back to you with tentative itinerary for them within two days.

- enormous: 거대한, 막대한, 매우 큰
- roll out the read carpet for ~: ~를 대환영하다, 쌍수로 환영하다

한국 방문 일자가 얼마 안 남았군요.

Your visit to Korea is around the corner.

첨부와 같이 잠정 일정을 만들었습니다.

I have made a tentative itinerary for you as the attachment.

보시고 변경/삭제/추가하시고 싶은 내용이 있으면 말씀하여 주십시오.

Please check it, and comment whether there is anything that you want to change/delete/add.

☞ 사업상 한국 방문이지만 한국 체류 기간이 며칠 되고, 며칠 동안 신경써서 환대하여야 될 VIP 거래처라면 한눈에 알 수 있도록 며칠간의 일정을 만들어 사전에 보내 조율(tune up)하는 것이 사업에 주효하다. 특히, 가족을 데리고 방한하는 큰 (잠재) 거래처라면 더욱 그러하다. 일정은 간략히 다음 양식으로 만들면 무난하다.

Date	Time	Details	Attendants	Remarks
May 4, Wed	09:00	Pick-up at Hotel Lotte		Downtown
	10:00-12:00	Looking around production line		Pyenongtaek

17:00- 19:00	Dinner hosted by Mr. SH Kim at Korea House with performance of traditional dance	President SH Kim EVP TH Kim	traditional cuisine

일정 잘 받았습니다. 만약 가능하다면 한국에 하루 더 체류하세요.

I have well received your schedule. If possible, I would like you to stay in Korea one more day.

식당

어떤 음식을 원하시는지요? 전통 한국 식당에서 전통 춤을 보면서 전통 한국 음식을 드시는 것이 어떤지요?

What kind of food do you like? I would like to recommend that you try traditional Korean food, enjoying traditional Korean dance.

Korea House 라는 아주 유명한 한국 음식 식당이 있으며, 외국인들이 좋아합니다.

There is one very famous Korean restaurant called as Korea House, which is loved by foreigners.

지난번 뱅쿠버에서 먹은 크림과 버터 소스로 요리한 바다가재는 진짜 맛있었습니다. 그 바다가재를 생각할 때 마다 군침이 돕니다.

The lobster with cream and butter source which you treated me in Vancouver last month was really delicious. My mouth is watering whenever I think about the lobster.

서울 체류 시 반드시 드셔야 될 것이 있습니다. 그것은 불고기라고 하며, 소고기와 야채 및 타 재료를 섞어 만든 전통 요리입니다. 어떤지요?

There is a must which you have to try in Seoul. It's Bulgogi, traditional cooking of beef barbecue with vegetables and some other ingredients. How about trying Bulgogi?

• must: 절대 필요한, 필수의, 필독의, 절대 필요한 것, 필수품, 필독서

a must book 필독서   must subjects 필수 과목

The magazine is a must for RF engineers.

그 잡지는 RF(radio frequency) 연구원들의 필독서이다.

혹시 보스가 알레르기 반응 보이는 음식 있는지요?

I wonder whether there is any food to which your boss shows an allergic reaction.

술집

잠재고객을 호사스러운 술집에서 접대하는 것 또한 사업 성공에 중요하다. 왜냐하면 역사는 밤에 쉽게 만들어 지기 때문이다.

Entertaining potential customers at luxurious drinking bar is also important to business success, as history can be made more easily in the night.

패턴 연습

역사는 밤에 이루어진다: history is made in the night

After all, people say that history is usually made in the night: Tonight, we should simply sit back and enjoy Korean night culture and life.

결국, 역사는 주로 밤에 이루어진다고 한 바, 오늘 밤은 한국의 밤 문화와 생활을 즐기기 바람.

그는 오더를 간절히 바랐기 때문에 연구소/구매부서의 핵심 인물들을 나이트클럽에서 자주 접대했다.

As he was eager to get the order from the company, he frequently entertained the key members at R&D and Purchasing both at night club.

패턴 연습

~간절히 하고 싶어 하는, ~하고 싶어 열망하는: eager/anxious to 동사 원형

I am eager to improve my ability to write and speak English.
나는 영어로 말하고 쓰는 능력을 향상시키기를 원함.

귀하의 보스께서는 저녁 식사 후 뭘 원하시는지요? 호텔로 돌아가 쉬실 것인지 아니면 가라오케나 나이트클럽을 가실 것인지요?

What should I arrange for your boss after dinner? Does he want to return to hotel for a rest or want to visit drinking place such as karaoke and night club?

관광

금요일 오후 일정과 관련, 유적지를 방문하고 싶은지 아니면 첨단 기술단지를 방문하고 싶은지요?

As for your Friday afternoon schedule, which sightseeing of historic places or high-tech complex would you like?

상담 후 호텔에서 쉬기를 원하는지 아니면 관광을 원하는지 알고 싶습니다. 관광을 원하면 두 곳을 추천 드립니다.

I wonder whether you want to take a rest at the hotel or do some sightseeing after meeting. If you want to do sightseeing, I would like to recommend two places in Seoul.

하나는 경복궁이고 다른 하나는 인사동입이다. 경복궁은 이씨 왕조 시대의 왕이 살 던 궁전이고 인사동은 화방과 선물 가게가 즐비한 구역입니다.

One is Gyeongbok Palace and the other Insa-dong. Gyeongbok Palace is the house of the kings at Li dynasty. Insa-dong is a district where lots of art galleries and souvenir shops are located.

만약 방문하고 싶은 특별한 장소가 있으면 사전에 말씀하여 주십시오. 귀하의 방문을 준비 하겠습니다.

If there are any particular places which you are interested in looking around, please tell me about them in advance. We will arrange your visit there.

선물

우리는 우정의 표시로 귀하에게 LTE 카메라와 OLED TV를 선물로 드립니다.

We would like to present you with two souvenirs, an LTE camera and an OLED TV, as a symbol of our friendship.

- present A with a gift; give a gift to A: A에게 선물하다
  as a symbol/token of friendship: 우정의 표시로/징표로

선물이 마음에 드시고 이 선물이 만들어진 나라에 귀하의 친구들이 있다는 것을 기억해 주시기를 희망함.

We hope that you will enjoy these gifts and will remember that you have friends in the country in which they are made.

접대의 중요성

사업에 있어 접대는 필요하다. 특히 아시아 국가들에서는 더욱 그러하다.

Entertainment is required in business, especially in Asian countries.

핵심인물의 가족을 돌보는 것 또한 사업에 중요하다.

Taking care of key man's family is also important to business.

고객 접대는 사업에 꼭 필요하다.

Entertaining customers is indispensable to business.

패턴 연습

불가결의, 없어서는 안 될, 절대 필요한
indispensable; requisite; essential; very necessary

Increasing production lines is indispensable for the orders from the company, which is one of the largest cellular phone companies in the world.
세계 최대 핸드폰 업체의 하나인 그 회사로부터 주문을 받기 위해서는 생산 라인 증설이 절대적으로 필요하다.

기술 이전 거래

Chapter 05

합작투자보다는 기술 이전 선호

당사 사장님 앞으로 보내신 첨단 기술 합작투자 사업 제안에 감사드림.

We were very pleased to receive your kind proposal addressed to our president, offering a high-tech joint venture.

- be addressed to A: A 앞으로 보내다
  The letter was addressed to Mr. Han.

하지만 당사는 합작투자보다는 기술이전을 선호합니다. 기술이전 가능한지요? 당사는 기술 지향적인 회사입니다.

We, however, prefer technology transfer to joint venture. I wonder whether you are in a position to enter into the technology transfer agreement. We are a technology-oriented company.

- enter into the agreement: 계약에 들어가다, 계약하다
  enter the university: 대학에 들어가다

Point　합작 투자(Joint Venture: J/V)

합작 투자는 결국은 지분을 나눠 갖는 것을 의미하기 때문에 경영권에 간섭을 받을 수도 있다. 예를 들면, 한국의 경우, 지분 5%이상만 소유하여도 장부 열람권을 갖는 바, 합작투자는 귀찮은 일이 많이 발생될 수도 있다. 따라서, 일반적으로, 독립 경영이 보장되는 방법(예: 로열티에 의한 기술 이전)을 선호한다.

패턴 연습 ●

～지향적인: ～oriented :

future-oriented: 미래 지향적인   technology-oriented: 기술 지향적인
export-oriented: 수출 지향적인

There has been no better time for us to approach the company with an innovative item, as its new president is technology-oriented.
그 회사의 신임 사장이 기술 지향적인 바, 지금이 혁신적인 품목으로 그 회사 접근하기에는 최적기이다.

• there has been no better time for us to 동사 원형: ~하기는 지금이 최적기
  (no better time 다음에 than now가 생략된 것으로 보면 됨.)
  There has been no better time for us to invest in the solar energy business.
  지금이 태양광 사업에 투자할 최적기 이다. ☞ 다른 방법으로 표현하면
  Now is the right/optimal/best time to invest in the solar energy business.

패턴 연습 ●

～에 의거/기인하다, ～을 바탕으로 하다: be based upon ～

The rapid growth of the company is based upon the president's technology-oriented investment.
사장의 기술지향적인 투자를 바탕으로 회사가 급속히 성장했다.

His view of the future market is based on the business experience of 20 years.
향후 시장에 대한 견해는 20년의 사업 경험에 의거해 있다.

기술 이전 제안서 요청

당사의 생산계획에 근거한 귀사의 공식적인 기술 이전 제안서를 원함. 귀사의 공식적인 제안서에는 다음 사항이 포함되어야 함.

We would like to get your formal proposal for technology transfer, based on our manufacturing plan. Your formal proposal should include the matters below.

- formal: 공식의, 격식의 ⟷ informal: 비공식의, 격식없이

  a formal contract: 정식 계약 　　　　　　　　　　　a formal call/visit: 공식/의례적 방문

  an informal visit/party: 비공식 방문/파티

- Your formal proposal should include/show the matters below. 　수동태로 표현하면

  ☞ The below matters should be included/shown in your formal proposal.

- include: 포함하다, 포함시키다, 넣다, 셈에 넣다

  all charges included: 일체 비용 포함

  The sales manager included the small company among competitors, as it had an innovative product.

  영업 과장은 그 작은 회사가 혁신적인 제품을 갖고 있다는 이유로 경쟁 상대에 포함시켰다.

Licensing Fee 및 Running Royalty 협의

귀사 브랜드 사용에 대한 라이선스 피와 경상 기술료를 제시하여 주십시오.

We would like to be informed about licensing fee and running royalty for our using your brand.

라이선스 피와 경상 기술료에 대한 제안을 검토 결과, 잠정 결론은 귀사의 제시 안은 너무 높다는 것임. 현재의 시장 상황에 대해 설명 드리고 싶습니다.

We have studied your proposal for licensing fee and running royalty carefully, and tentatively reached the conclusion that your fee and royalty are too high. We would like to explain the recent market trends in Korea.

계약금과 런닝 로열티의 평균이 귀하가 제시한 것보다 낮음.

The average size of initial payment and ongoing royalty is lower than what you have proposed.

Running Royalty(연동제 방식 로열티)

로열티 지급방식은 고정제 방식(Fixed royalty)과 연동제 방식(Running royalty)이 있음. 고정제 방식은 기술이전의 대가로 일정금액을 일시에 지불하거나 정기급으로 지급하는 것임. 연동제 방식은 판매량이나 기술을 사용하는데 비례하여 로열티 지급하는 방식. 일반적으로 기술 이전 시 upfront fee(선불) + running royalty로 계약하는 것이 관례이나, 거래는 쌍방이 합의해야 되는 바, 계약 조건은 상황에 따라 항상 변동 될 수 있다.

- license production 라이선스 생산

  해외에서 개발된 제품을 라이선스 fee를 지불하고 생산하는 방식. 설계와 제조 노우하우를 제공받아 생산

- licensing fee 라이선스 수수료

  라이선스 생산시 라이선스 제공자에게 지급하는 수수료

패턴 연습

잠정적으로 ~할 예정이다: tentatively 동사; be tentatively scheduled to 동사원형

The purchasing manager tentatively decided to adopt the company as the 2nd vendor.
구매과장은 그 업체를 두 번째 벤더(협력업체)로 채택하기로 했다.

General Manager Kim is tentatively scheduled to make a visit to USA next month.
김 부장은 잠정적으로 내달 미국 방문 예정이다.

프랜차이즈 사업 희망

당사 KFS Food는 한국에 fast food chain 구축에 관심 있으며 귀사와 공동 사업 가능성을 논의하기를 희망함.

We are interested in establishing a fast food chain in Korea and would like to discuss the possibility of working together.

시장조사 중 귀사가 미국 최고의 fast food franchise 회사라는 것을 알게 되었음.

In the process of studying market opportunities, we have learned that your preeminent firm is the best in fast food franchise business in USA.

Point 프랜차이즈 (franchise)

상호, 특허 상표, 기술 등을 보유한 업체가 개인 및 타 업체와 계약을 통해 상표의 사용권, 제품의 판매권, 기술, 원료등을 제공하고 일정 대가를 받는 거래이다. 기술/상표를 보유, 프랜차이즈를 제공하는 업체를 프랜차이저(franchisor : 본사), 기술/상표를 사용하는 자를 프랜차이지(franchisee, 가맹점)라한다. 프랜차이즈 가맹점의 경우, 개인 사업 오너는 오너이나 상당한 간섭을 받는 오너인 바, 100% 자영업이라 하기에는 무리가 있다.

합작 투자

합작 공장 설립 제안 검토

내주 금요일 귀하 방문 시, 핸드폰 공장 합작 투자 건을 협의하고 싶습니다.

I want to discuss the possibility of a joint venture project for cellular phone factory with you when I visit you next Friday.

내 개인적으로 그가 제안한 합작 공장 설립 건은 시기상조인 거 같으나 우리 팀에서 타당성 검토 중임.

His proposal for setting up a joint venture factory seems premature in my personal opinion. But anyhow my team has been conducting the feasibility study.

• in one's opinion: 의견으로는   in one's humble opinion: 소견으로는

패턴 연습

시기상조: premature

It may be premature to expect a big order from the new customer. But chance seems very good.

신규 고객으로부터 대형 오더를 기대하는 것은 시기상조일지도 모르나, 가능성이 아주 높아 보인다.

나는 그의 합작 투자 계획에 100% 지지한다.

I am behind his plan for joint venture 100%.

His joint venture plan has my full support.

• **behind** 뒤에, 사후에, 지지하여

그 합작 투자는 당사 기업 성장의 도약판이 될 것으로 확신한다.

I am sure that the joint venture will act as a springboard in our company growth.

패턴 연습

뜀판/도약판, 새로운 출발점, (발전을)촉진시키는 것: springboard

This cash infusion thru stock increase can act as a springboard in making your company financially sound.

금본 증자를 통한 현금 투입이 귀사의 재무 상태를 건전하게 만드는 시발점이 될 수 있다.

주요 기술적인 사안에 대한 검토가 이번 토요일 아침까지 완료될 예정입니다.

Evaluation of key technical issues are expected to be finished by the morning of this Saturday.

따라서, 빨라야 이번 토요일 저녁은 되어야 제안서 드릴 수 있습니다.

Hence, we can only send our proposal in the night of this Saturday at the earliest.

공동 사업 희망

합작 투자 건 외에, 전자제품의 생산/마케팅 분야에서 귀사와 상호 협력하여 베트남 시장 진출을 확대하기를 희망함.

In addition to the above joint venture business, I hope to expand our mutually beneficial cooperation in the fields of production and marketing of electronic products by which your company is to penetrate into Vietnam market.

이상하게도 사장은 그 회사의 미래에 큰 확신을 갖고 있었다.

Strangely enough, he had great confidence in the future of the company.

- turn a deaf ear to ~ : ~에 귀를 기울이지 않다
- strangely enough, ~ : it's strange that ~ : 이상하게도 ~하다

패턴 연습

~의 미래에 큰 확신: great confidence in the future of ~

The reason why I invested in the stock of the company is that I had great confidence in the future of technology-oriented company.
내가 그 회사의 주식에 투자한 것은 기술 지향적인 회사의 미래에 대한 확신이 있었기 때문이다.

합작 투자 타당성 선행 검토

그러므로 당분간 합작 투자 사업을 추진하는 것은 어떠한 형태로든 쌍방의 확약이 이루어지기 전에는 신중한 검토가 필요함.

Thus for the time being, establishing such a joint venture business would require a careful review prior to any form of solid commitment.

향후 합작 투자 사업 가능성을 위해 당사 실무진들이 타당성 조사를 시작하게 할 것이며, 귀하에게 진전 사항을 지속적으로 알려 드리겠음.

For the future possibility of establishing the joint venture business, I will let my working-level staff start an extensive feasibility study, and I would like to assure you that I will keep you informed on its progress.

- prior to ~: ~에 앞서, 먼저
- feasibility study: 타당성 조사
- I assure you that ~; I assure you of ~: ~를 보장하다, 보증하다

패턴 연습

실무진, 실무선: working-level personnel/staff

Our working-level members want to give the green light to the project right away, but the top management's position is somewhat different because it

requires a huge investment.
실무진에서는 그 프로젝트를 즉시 진행하고 싶지만 경영진의 입장은 약간 상이하다. 왜냐하면 워낙 큰돈이 투자되기 때문이다.

• give the green light to ~: ~를 진행하다

합작 투자를 재고하는 것이 바람직하다.
It is desired that our company should reconsider the investment in the joint venture.

패턴 연습

바람직하다: It is desired that ~; it is desirable that ~

It is desired that my trip be postponed, as next Monday is my wife's birthday.
다음 월요일이 아내의 생일인 바, 출장이 연기되는 것이 바람직하다.

• leave much/something/nothing to be desired
  유감스러운 점이 많다/조금 있다/더할 나위 없다
  The board of directors was happy as the investment plan leaves nothing to be desired.
  투자 계획이 더할 나위 없이 좋아 이사회는 행복했다.

대략적인 개요를 주시면 미팅 준비에 큰 도움이 되겠습니다.
Your giving a rough outline would be of much help to our preparing for the meeting.
Your giving a rough outline would be very helpful to our preparation for the meeting.

패턴 연습

큰 도움 되다: a big help to ~; of much help to ~; very helpful to ~:

The young manager's smart market analysis is a big help to his company.
The young manager's smart market analysis is of much help to his company.
The young manager's smart market analysis is very helpful to his company.
젊은 과장의 영리한 시장 분석은 회사에 도움이 되었다.

패턴 연습 ⦿

연기하다: postpone, defer, put off, procrastinate, adjourn

The meeting was adjourned until next Tuesday.
회의는 다음 주 화요일까지 연기되었다.

His visit to Korea was adjourned without day.
그의 한국 방문은 무기 연기되었다.

타당성 검토 자료 요청

타당성 검토를 할 수 있도록 다음 자료 제공 바람
A. 공급 가격
B. 장비 리스트
C. 기술 계약에 대한 기본 생각

We would like to receive any available data that you may have so as to conduct a feasibility study. Please include information on:
A. Your supplying price
B. A fully detailed equipment list
C. Your basic ideas concerning a joint venture agreement

• conduct a feasibility study: 타당성 검토하다, 실행 가능성 검토하다

당신이 투자 여부를 결정할 수 있는 사람으로 생각한 것은 내 실수다.
I mistakenly regarded you as the guy who could decide on the investment.
I made a mistake of regarding that you were the guy who could decide on the investment.
It was my mistake to regard you as the guy who could decide on the investment.

• mistakenly 잘못하여, 오해하여 　**형** mistaken

합작 투자에 대한 입장 표명

자본금 증자에 대해 승낙하실 것으로 믿고 그 프로젝트를 활발히 진행하겠습니다. 그렇게 될 것으로 예견했습니다.

We will proceed the project actively in anticipation of your consent on capital increase. I anticipated as much.

• in anticipation of ~ : ~을 기대하여, ~을 예기하고

신규 프로젝트 추진 시 말 많은 사람들이 너무 많다.

Our company has too many back-seat drivers when we proceed a new project.
• back-seat driver: 참견/간섭 잘하는 사람

태양광 모듈 투자를 중단하기로 결정했다.

The company has decided to cease investing in PV module.

그 회사는 2011년부터 태양광 패널 시장에서 치킨 게임이 치열하게 진행 중이며 2~3년 이내 도산하는 태양광 관련 기업들이 많을 것으로 예상한다.

Its view of the market is that chicken game has been severely going on in the PV module market since 2011, and many companies involved in solar energy industry are expected to collapse down in a few years.

• chicken game: 상대방이 죽을 때까지 출혈 경쟁을 지속하는 상황
• chicken and egg problem: 닭이 먼저냐 달걀이 먼저냐는 문제 ☞ 원인과 결과가 확실치 않은 경우에 사용. 닭이 없으면 달걀이 있을 수 없고, 달걀이 없으면 닭이 있을 수 없으니 뭐가 뭔지.

패턴 연습

심도 있는 조사를 하다: hold/conduct a profound/in-depth survey

After my return to Korea, we held an in-depth survey on the market situation and the suitability of our project, with reference to your documents and technical descriptions.

한국 귀국 후 귀사에서 제공하여 주신 자료에 의거, 시장 상황과 프로젝트의 적합성에 대해 심도 있게 조사하였습니다.

패턴 연습

두말할 필요 없다, 말할 나위 없다:

Needless to say ~; it's needless to say that ~; it goes without saying that ~; it is a matter of course that ~; it is natural that ~; naturally ~; not to mention that ~: ~은 말할 필요도 없다

Needless to say, he will get promotion to the head of R&D next year.
그가 내년에 연구소장으로 승진할 것은 말할 필요도 없다.

It goes without saying that there is no place like home.
집보다 좋은 곳이 없다는 것은 말할 필요도 없다.

패턴 연습

~를 ~의 빛나는 실례로 만들다: make ~ a shining example of ~

We are confident that this joint venture between our two companies will be a shining example of the business cooperation between companies.
우리는 우리 양사간의 이 합작투자가 기업간 사업 협력의 빛나는 실례가 될 것으로 확신하다.

합작 투자를 위한 기술팀 파견

귀사의 공장 설립 건 협의 및 심도 있는 타당성 검토를 위한 기술팀을 2010년 3월에 파견 하겠다는 계획을 듣고 기뻤음.

We were very pleased to hear of your plans to dispatch a team of technical experts to Korea in March, 2010 in order to discuss establishment of plant and to conduct in-depth survey.

- **in-depth**: 면밀한, 주도한, 상세한, 완전한; 심층의, 철저한(연구 따위)

  in-depth report: 심도 있게 취재한 기사/보고서

  The president always wants an in-depth market analysis report.

  사장은 항상 심도 있는 시장 분석 보고서를 원한다.

기술팀을 파견함으로써 순서를 밟아 프로젝트 진행시킬 것이다.

I will proceed the project in due course, by sending technical team.

패턴 연습

순서를 밟아서, 때가 되면: in due course; in due time; in the course of time/in time;

We will acquire the company in due course.

우리는 순서를 밟아 그 회사를 인수 할 것이다.

Your developed product will sell like a pancake in due time.

개발품이 때가 되면 불티나게 팔릴 것이다.

- **sell like a pancake; sell like a hot cake**: 불티나게 팔리다

Point Due Diligence(기업 실사, 현황 조사/검증)

일반적으로, 기업 인수/합병 및 협력업체 선정 시 불필요한 위험을 제거하기 위해 상대방이 말하는 상황에 대한 일련의 조사와 분석을 한다. 기업 인수 합병 과정에서 사용되면 기업 실사(기술/생산/영업/채권/채무 등등 회사의 전반적인 사항)를 의미하며, 재고만 조사한다면 재고자산 실사 정도로 번역할 수 있으나, 그냥 '듀 딜리전스'라고 해도 무방하다.

사장은 김 부장에게 가격 결정권을 주었다.

The president empowered general manager Kim to decide pricing.

- **empower/authorize A to**: 동사원형 A가 ~할 권력/권한을 주다

새로운 마케팅 계획을 시행하는데 얼마가 드는지 계산해 보았는지?

Did you figure out how much it costs to implement the new marketing plan?

그러한 프로젝트는 반드시 그가 있어야 한다.

We can't forgo him if we have to pursue that kind of project.

- forgo: ~없이 때우다(do without), 그만두다(give up)
- in harmony with ~: ~와 조화/협조하여 　🈁 harmoniously with

합작 투자 사업서 서명

아주 귀중한 사업 파트너들과 합작 투자 계약서를 서명하기 위해 이 자리에 있게 되어 매우 기쁘고 영광스러움. 본 프로젝트는 탁월한 3개 회사가 힘을 합친 프로젝트임.

I am very pleased and honored to be here to sign the joint venture agreement with our invaluable business partners. This is a project with three excellent companies as partners.

패턴 연습 ●

이 자리에 있게 되어 영광스러움: be honored to be here (with you)

I am very honored and pleased to be here in order to introduce our overmolding technology to your preeminent R&D.

귀 연구소에 당사의 오버 몰딩 기술을 소개하기 위한 기회를 갖게 되어 영광스럽고 기쁩니다.

☞ 기술 영업시 유용한 표현이다.

우리 국민들은 이 합작 투자 서명을 진심으로 축하한다.

Our country people celebrate signing this joint venture from the bottom of heart.

Agent 거래

Chapter 07

정식 Agent 계약 제안

만약 여의치 않다면 1년 단위의 시험 계약 기간을 가진 후 최종 결정을 할 수도 있음.

If this is not possible, we happily would consider a one-year trial period to reach the final decision.

- cement/strengthen our friendship: 우리의 우정을 돈독히 하다
- cement/strengthen relationship between our two companies: 우리 양사간 관계를 돈독히 하다

당사는 귀사 제품을 2008년부터 당사 고객들에게 offer sale하고 있음.

Your company and ours have been doing business from 2008. We have been issuing our offer sheets on your behalf for sales of your products to our customers in Korea.

귀사는 그 댓가로 커미션을 우리에게 송금하였음.

In return, you have remitted commission to us.

내주에 에이전트 계약의 기본 조건의 윤곽을 잡아 통보 드리겠음. 에이전트 계약은 양사에 크게 상호 호혜적일 것임.

Next week, we will send a preliminary delineation of the basic terms of agency which we believe would yield large, mutual benefits for your preeminent firm and ours.

- delineation of the basic terms: 기본 조건의 윤곽
- news/travel/ad agency: 통신사/여행사/광고(대행)사

마케팅 계획 제시 및 Agent 희망

당사의 예비 마케팅 계획서와 사업 일정표 송부 드리니 귀사 의견을 말씀하여 주기 바람.

We have enclosed our preliminary marketing plan and timetable. We would like to hear your reactions to our plan at your earliest possible convenience.

• preliminary marketing plan: 예비 마케팅 계획서

패턴 연습

가능한 빨리: at one's earliest possible convenience;
as soon as possible

We would appreciate it if you could comment on our proposed idea at your earliest possible convenience.

최대한 빨리 당사가 제시 드린 안에 대해 말씀하여 주시면 감사하겠습니다.

KFS 전자는 협력업체 관리 및 독점 협력업체 운영 시 발생될 수 있는 위험의 회피 차원에서 어떤 품목이든 복수 협력업체 체제로 운영하고 있으며 각 업체에 주문 수량을 배분하고 있음.

KFS Electronics in Korea runs a few vendors for each item, and it splits the order to them in order to control them and to evade from the risk of single vendor.

당사를 귀사의 한국 독점 대리점으로 하여 주시면 귀사를 KFS 전자의 협력 업체로 등록시켜 귀사가 KFS 협력업체중 가장 많은 주문을 받도록 할 수 있다는 것을 확언드림.

If you allow us to exclusively represent your preeminent firm in Korea, we assure you that you will get the lion's share of KFS's order after we make KFS adopt you as a vendor.

☞ 왜 agent가 필요한지를 충분히 설명하고 있다.

큰 회사들과의 사업 기회를 얻기 위해, 고객에 대한 대응 속도가 빠르다는 것을 활용하려고 한다.

In order to seize the chance of doing business with big companies, we are going to capitalize on our quicker responsiveness to customers.

~을 활용하다, 기회로 삼다: capitalize on ~: make the most of ; utilize

The company succeeded in increasing its M/S by capitalizing on the fact that its competitor is financially staggering,
그 회사는 경쟁업체가 재정적으로 휘청거린다는 사실을 기회로 삼아 시장 점유율을 높이는데 성공했다.

시장 진출이 빠르면 빠를수록 좋다. 한국에서 귀사 제품을 독점 판매할 수 있도록 해주시기를 앙망합니다.
The sooner on the market, the better for you. We honestly hope that your situation allows us to market your products exclusively in Korea.

시장 진출이 늦지 않기 바랍니다.
Please don't be a latecomer on the market.

B에게 A를 주다: confer A on B
B와 A에 대해 협의하다: confer about A with B

The company conferred the recipe of nano silver particle on its vendor.
그 회사는 은 나노 입자의 제조 방법을 협력업체에 제공했다.

• recipe: 처방, 처방전, 조리법, 비법, 제조 방법
• Give me the recipe for this soup.　　이 수프 만드는 법을 가르쳐 주시오

The company conferred about the way to elevate production efficiency with its vendors.
그 회사는 협력업체들과 생산 효율 증대 방안에 대해 협의했다.

• The company conferred with its vendors about the way to elevate production efficiency.　☞ conferred about 다음의 내용이 길어 about 이하 내용을 뒤로 돌리니 문장을 읽는 것이 더 용이하다. 글은 항상 읽는 사람 입장에서 쓰는 것이 비즈니스에 도움이 된다.

A가 ~할 권한을 주다, 위임하다: authorize/empower A to 동사 원형

The president authorized the general manager to decide the price.
사장은 부장에게 가격 결정권을 주었다.

The company empowered its factory in China to decide the wage to the factory workers.
회사는 중국 공장이 공장 직공의 임금 결정권을 주었다.

A를 B로 선택하다, 선정하다, 뽑다: select A as B

Please do your utmost to make your Chinese supplier happy at his selection of you as his exclusive agent.
중국 거래처가 당신을 독점 대리점으로 선택한 것에 만족할 수 있도록 전력을 다해라.

판권 희망

귀사 제품의 독점 판매를 허락하여 주시기를 간절히 바랍니다. 당사가 귀사의 독점 대리점 자격으로 신속히 사업을 성사시킨 후, 당신은 당신이 결정한 일에 대해 만족할 것입니다.

It's our sincere desire that you will allow us to sell your product on an exclusive basis. You will be glad what you decided to do, after we quickly generate business as your agent.

☞ 한 마디로 당사를 독점 대리점으로 해주면 금방 장사 만들어 돈 벌게 해주겠다는 것임.

~한 일에 대해 만족할 것이다: You will be glad what you did.

Please don't worry about your decision. Eventually, you will be glad what you did.
의사결정에 대해 걱정하지 마라. 결국에는 의사 결정에 만족할 것이다.

영업창구 이원화 문제점 및 대안 제시

외국에서 시장 개척을 신속히 효율적으로 하고 싶을 경우, 연락 창구는 다원화보다는 일원화되는 것이 항상 더 좋습니다.

The single business communication channel is always better than multiple channels when you want to generate business efficiently and swiftly in a foreign country.

이러한 사유로 독점대리점이 되고 싶습니다.

This is why we want the position of exclusive agent first.

귀사와 당사간의 장기 거래 관계를 고려 시, 귀사의 일방적인 행동은 원칙적으로 용납되기 어려운 것임.

Considering the long business relationship that we have shared, your unilateral actions cannot be condoned in principle.

패턴 연습

우리의 기대와는 달리: far from/contrary to/against our expectations
- according to expectation: 예상대로   beyond expectation: 예상이상으로

Contrary to our expectations, he failed to pass the entrance examination to the university. 우리의 기대와는 달리, 그가 대학 시험에 떨어졌다.

The new vendor met the company's expectation by timely shipment of quality products. 신규 협력업체는 양질의 제품을 적기 선적함으로써 그 회사의 기대에 부응했다.

계약 해지 반론 및 재고 요청

귀사와 당사 간 판매 대리점 계약 취소와 관련된 귀사 세일즈 매니저의 통보를 받고 당황함.

It was with great surprise that we received your sales manager's message of August 22 concerning the cancellation of the representative agreement between your prestigious firm and ours.

2010년 1월 계약체결 이후 당사는 한국시장에서 귀사 제품을 판매하기 위해서 지속적인 노력을 경주 했으나 품질 문제 및 가격적인 장애가 있었음.

We would like to inform you that we have encountered quality problems and price issue in our constant efforts to sell your goods in the domestic market since our contract of a representative agreement in January, 2010.

☞ 판매 저조 사유가 당사의 영업력만이 문제가 된 것이 아니라는 것이다.

일본 엔화의 평가절상으로 귀사의 가격이 점차 경쟁력이 있게 되었으며 7월 이후 품질 문제가 거의 발생되지 않습니다.

Recently the Japanese Yen has been appreciating over US$, and so your price gets competitive gradually. And since July, your side seldom causes quality problems.

☞ 그간 일본 엔화가 약세였으나, 최근 강세로 돌아서고 있어 일본 업체의 수출 경쟁력은 약화되는 것이다. 반면, 귀사의 제품은 경쟁력이 좋아 진다는 것이다.

이제야 당사가 귀사의 제품을 판매하기 좋은 상황입니다.

And it is only now that we are in a favorable position to sell your products.

Point　환율 변동에 따른 경쟁력

국제간의 거래에 있어 제품 자체의 경쟁력과는 별도로 환율에 따른 경쟁력도 무시할 수 없는 요소이다. 이 이유를 간단히 살펴보자.

환율 기준치: US$1=₩1,100　☞ 원화 약세: 예를 들면 US$1 = ₩1,200
　　　　　　　　　　　　　　☞ 원화 강세: 예를 들면 US$1 = ₩1,000

한국의 수출업자가 US$1 수출하고 받는 원화 금액은 원화 약세/강세에 따라 상이하다. 원화가 약세가 되면 환율적인 측면에서는 경쟁력이 좋아지는 것이고, 원화가 강세이면 환율적인 측면에서는 경쟁력이 나빠지는 것이다. 상기를 보면 원화가 약세일 경우 US$1 수출하면 ₩1,200을 받지만, 원화가 강세일 경우 US$1 수출하면 ₩1,000을 받는다. US$1=₩1,100 을 기준으로 보면 원화가 약세일 경우, 수출업자는 가격인하가 가능한 바, 환율 변동에 따른 수출 가격 경쟁력이 생기는 것이다.

- 강세/평가절상: strengthen/appreciate, appreciation
- 약세/평가절하: weaken/depreciate, depreciation

패턴 연습

이제야 겨우 ~하다/ ~할 기회가 생기다: it is only now that I have the chance to 동사 원형; it is only now that I 동사

It is only now that the company makes money from its OLED business. The reason is that its yield rate was too low up to last month.

그 회사는 이제야 겨우 OLED 사업에서 돈을 벌고 있다. 그 이유는 지난 달 까지는 생산 수율이 매우 낮았기 때문이다.

커미션

커미션 율 협의 확정

매 거래마다 고정된 비율의 수수료를 청구 하고 싶습니다.

We would like to charge a fixed rate for each transaction as our commission.

☞ 물품은 매도자가 매수자에게 직 선적하고 물품대금은 매수자가 매도자에게 직접 송금한다. 매수자가 물품 대금
수취 후 일정 %를 중개상(주로 **agent**)에게 지불한다. 이를 커미션(중개 수수료)이라고 한다. 물론 중간에서
communication channel 역할 및 업무 관련 **follow-up**을 중개상이 한다.

당사는 당사의 여러 가지 제공 서비스의 대가로 거래 금액에 대한 커미션을 받음. 커미션은
로열티나 원재료 교역으로 처리함.

**We require a commission share on the dealing amount, such as royalties
and/or trading materials for our various services.**

커미션 지급 요청

고객으로부터 물품 대금 수취 후 10일 이내 커미션을 송금하기로 되어 있습니다. 다음 선적분
에 대한 커미션을 송금하여 주시면 감사하겠습니다.

**You are requested to remit our commission within 10 days after your
receipt of payment from the customer. We would appreciate it if you could
remit our commission of the below shipments.**

☞ 커미션은 매도자로부터 받는 것이 일반적이다. 매수자가 매도자에게 대금 지불을 하면 매도자에게 커미션 요청한다. 커미션 지급 요청시 다음과 같이 신청하면 된다.

Invoice No.	Invoice Amount	Commission Rate	Commission
SH130214	US$50,000	7%	US$3,500
SH130218	US$10,000	Ditto	US$700
	Total		US$4,200

2010/11/10일자 메시지 잘 받았으며, 커미션 지급 요청 잘 알겠습니다. 하지만 2가지 사유로 지급을 할 수 없습니다.

I have received your message of November 10, 2010 and have well noted your request for the commission. However, I have two reasons for being unable to comply with your request.

패턴 연습

~를 따르다, 준수하다: comply with; conform to; fall into line with

When you make an overseas business trip, you are required to comply with company regulations on the expense.
해외 출장 시 사용 경비는 회사 경비 규정을 준수하여야 한다.

If you have no other alternative, you will have to fall into line with marketing regulations.
다른 대안이 없다면 마케팅 규정을 따라야 한다.

미지급 커미션 송금 요청

다음 선적 분들의 커미션 지급 일자가 10일이나 지났습니다. 조속 조처/송금하여 주시면 감사하겠음.

Please allow me to remind you that the commission of the below shipments was overdue by 10 days. I would appreciate your prompt action/remittance.

☞ 선적 분은 항상 invoice No로 명기하면 된다. **Invoice No**와 **Date**를 같이 적어주면 더 확실하다.

커미션 지급일이 6월 10일이나 아직까지 지불되지 않고 있음. 조속히 송금하여 주시면 도움이 되겠습니다.

Payment of commission is due on June 10, but the commission is still unremitted. We would appreciate your immediate remittance.

Up to now we did not receive the commission whose due date is June 10. Your prompt payment would be appreciated.

커미션 건 해결 노력

나는 귀하의 커미션 건을 최대한 빨리 해결하기 위해 노력하고 있다.

I am now trying to solve the matter of your commission ASAP.

- ASAP: as soon as possible, at the soonest possible
  The sooner, the better. 빠를수록 좋다
  ☞ The sooner shipment/payment, the better for us.   선적/지급이 빠르면 빠를수록 좋다.
  No sooner said than done.   말하자마자 실행되었다.

- solve, solution
  He solved the quality issue.   그는 품질 문제를 해결하였다.
  The situation is approaching solution.   그 사태는 해결되려고 한다.

커미션 송금이 지연되어 죄송합니다.

I am sorry that our remittance of your commission is being delayed.

커미션 지급 불가 통보

그 회사가 주장하는 클레임을 해결할 때 까지 귀사의 커미션은 지급 불가함을 통보 드리게 되어 유감입니다.

We regret to inform you that we can't remit your commission until you settle the company's insisted claim for our goods.

잘 알다시피, 그 회사 생산라인의 문제는 우리 유리 문제가 아닌 다른 어떤 복합 요인들에 의한 것입니다.

As you well know, the problem with its production line is not caused by our solar glass but by other combined factors.

☞ 커미션은 매도자가 정상적으로 받은 금액에 대해서만 청구하는 것이 논리적이고 공정하다. 매수자의 억지로 매도자에게 클레임이 청구되는데 여기에다 커미션을 달라 할 수 는 없는 것이다. 그리고, 이런 상황을 해결하라고 중개인을 두는 것 인 바, 중개인이 매도자를 대변해서 매수인과 해결하여야 되는 사안이다.

결론적으로 품질 문제와 귀하의 커미션은 그 회사가 US$3,000을 송금한 다음에 더 논의 할 수 있음.

In conclusion, further discussion about the quality problem and your commission can be made only after the company's remitting US$3,000.

• in conclusion; to conclude; finally: 결론적으로, 최후로

Point 숫자 앞뒤 통화/단위 사용법

숫자 앞에 어떤 통화/단위가 올 때는 단위 뒤에 빈칸 없이 숫자를 붙여 쓰고, 숫자 뒤에 단위가 올 때는 숫자 뒤에 한 칸 띄우는 것이 일반적이다. 단, 숫자 다음에 %가 올 때는 숫자에 바로 붙여 쓴다.

예: US$200, 200 M/T, 70%

Chapter 09

협력 업체 선정

협력업체 후보로 초대

내년 생산능력 증설과 관련, 협력업체 1개사 선정 프로그램에 참여하기를 바랍니다. 협력업체 선정은 객관적인 공장 실사 결과에 의거하여 결정됩니다.

We would like to invite you to join in our program of adding one more vendor, regarding our production capacity increase of next year. The vendor will be selected based upon the objective result of factory audit.

패턴 연습

후보자/지원자/지망자: candidate

- a candidate for the president: 대통령 후보   candidacy: 입후보
  run candidate at ~: ~에 입후보하다

He was selected from/out of/among many candidates.
그는 많은 후보자 중에서 뽑혔다.

Which candidate will be on the bandwagon remains to be seen.
어느 후보자가 우세할 지는 두고 봐야 안다.

• on the bandwagon: (선거 따위에서) 인기가 있어서, 우세해서

패턴 연습

언제든지 환영합니다: more than welcome any time

Your suggestion for any way of cost-down is more than welcome any time.
원가절감 방안 제시는 언제든지 환영합니다.

Your proposal for the way of elevating yield rate is more than welcome any time.

생산 수율 제고 방안 제시는 언제든지 환영합니다.

그 회사는 귀사에 전적으로 의존하는 것은 위험이 크다고 판단, 다른 공급 업체를 찾으려 하고 있음.

The company is going to locate another supplier, as the company thinks that it would be too risky to wholly depend upon your company only

회사 내역 파악

(☞ 회사 내역에 명기되는 주요 사항은 Chapter 1의 2. 회사 소개 내용 참조; page 12)

회사 프로필이 필요합니다. 첨부된 스냅 샷 양식을 메우세요.

Your company profile is required. Just fill up the snapshot attached.

• snapshot: 속사(速寫)/스냅사진, 기업의 주요 현황을 한 눈에 보여 주는 것도 snapshot이라고 한다.

가격, 납기 파악

견적을 위한 기술적인 사양은 다음과 같습니다.

The relevant technical specifications for your quotation are as follows.

월 3.2mm 두께 10만 SM 선적 기준으로 내년 분기별 가격 제출 바람.

Please quote your best price for each quarter of next year, based upon 100,000 SM/3.2T mm/month.

정상적인 경우의 납기, 당사가 긴급한 요청을 할 경우의 납기를 제출바랍니다.

Normal delivery and urgent delivery both are required.

☞ 이는 대상 업체의 대응력(responsiveness)를 파악하기 위한 것이다. 이 경우, urgent delivery에 대한 답변은 실 생산 소요 기일만 제시하는 것이 현명하다. 일단은 협력업체가 되고 봐야 하는 것이다.

급한, 화급한, 절박한: pressing/urgent/imminent/impending
긴급히, 집요하게: pressingly/urgently/imminently

Your shipment of 100,000 PCS of the chip is really imminent. If they don't reach us by May 10, all of our lines will stop.
칩 10만개 선적이 진짜 화급함. 5월 10일까지 당사 도착하지 않으면 당사의 모든 생산 라인은 생산 중단될 것입니다.

귀사가 3불에 10만 SM의 태양광 유리를 공급하겠다는 제안은 내부적으로 검토 중임. 구매부에서 곧 연락 갈 것임.

Your proposal that you supply 100,000 SM of solar glass at US$3/SM is being discussed internally. The Purchasing Department will contact you soon.

~해달라는 제안: suggestion/proposal that ~
Your suggestion that we should come down the supplying price by 20% goes too much for us.
공급가를 20% 낮추라는 귀사의 제안은 우리에게 너무 한 것임.

공장 실사

공장 실사를 위해 다음 달 중국으로 가고자 합니다. 언제가 편한지요.
Next month we want to fly to China in order to conduct a factory audit. When would be convenient to you?

• factory audit: 공장 실사   company audit: 회사 실사

생산 라인, 연구소, 품질관리 사무실을 둘러보고 싶습니다. 당사의 귀사 공장 방문은 우리 모두에게 값어치 있는 기회가 될 것입니다.
We want to look around your production line, R&D, and QC office. Our

visit to your factory is a worthwhile opportunity for both of us.

• look around production line: 생산 라인을 둘러보다,

☞ 품질관리 사무실을 둘러보는 주된 목적은 QC 장비 현황과 사용 실태를 파악 하겠다는 것이다.

Point Factory Audit (공장 실사)

잠재 고객(potential customer)이 공장 실사를 나오면, 협력업체(vendor) 후보업체는 모든 현장을 보여 주고 나서, 각 관련 부서장들이 자기 부서 담당 일에 대해 브리핑한다.

생산부는 생산 공정 및 생산에 대해, 연구소는 연구 개발 및 특허, 품질 관리부는 불량률, 불량 내역, 불량 이력 관리 등에 대해서 브리핑 한다.

영업부서는 회사 전체적인 소개를 하고 회의를 주관한다.

패턴 연습

값어치 있는 기회: a worthwhile opportunity
~할 가치 있다: It is worthwhile to 동사 원형; It is worthy of ~ing:

It is worthy of looking around the production line of vendor candidate.
후보 협력업체의 생산 라인을 둘러보는 것은 가치 있는 일이다.

• conduct a factory audit: 공장 실사/감사하다
  (대기업은 거래 개시 전에 거래 대상 업체를 방문하여 생산/QC/환경 등등 제반 사항을 조사하고, vendor 등록에 대한 결정을 내림)

It is a worthwhile opportunity to discuss business cooperation with you at your office last Friday.
지난 금요일 귀사 사무실에서 사업 협력에 대해 논의한 것은 가치 있는 일이다.

구매과장 팀의 공장 실사 중 그 회사를 신규 협력업체로 승인하는데 대해 반대 의견을 제시하는 사람은 없었다.

While the purchasing manager's team conducted factory audit, no one raised an objection against adopting the company as a new vendor.

··

이의를 제기하다, 반대하다: make/raise an objection to/against

The sales manager made an objection to the potential customer's factory audit, as the company's financial status was worsening.
판매과장은 그 잠재 고객의 공장 실사를 반대했다. 왜냐하면 그 회사의 재무상태가 악화되고 있었기 때문이다.

☞ 재무상태가 좋지 않으니 협력업체 후보 대상도 되지 않는다는 얘기다.

The production manager raised a strong objection to showing overmolding gasket line to the potential customers.
생산 과장은 잠재 고객들에게 오버몰딩 개스킷 라인을 보여주는 것을 강력히 반대했다.

The sudden price hike of the company invited lots of objections.
그 회사의 갑작스러운 가격 인상은 많은 반대를 일으켰다.

Tip 생산 라인 견학

타인이 생산라인을 봐서 감을 잡을 수 있는 기술이라면 아무에게나 생산라인을 보여 주는 것은 좋지 않다. 왜냐하면 경쟁업체가 생길 수 있기 때문이다. 단, 진짜 고객이 될 가능성이 있는 잠재 고객에게는 생산 라인을 공개하여야 한다. 이 경우, 잠재 고객의 임직원 여부는 사전 확인하고 생산라인을 보여주는 것이 바람직하다. 왜냐하면 잠재고객과 친한 업체에서 잠재고객인양 하고 생산라인을 둘러볼 수도 있기 때문이다.

생산 공정

생산 공정을 보여주는 상세 생산 공정도는 반드시 제출되어야 함.
Detailed flowchart showing each production process should be submitted.

··

공정도: flowchart
assembly flowchart: 조립 공정도 QC flowchart: 품질 관리 공정도

He assisted her in her making QC flowchart.
그는 그녀가 품질 관리 공정도를 만드는 것을 도와주었다.

You are required to prepare the flowchart in English for our audit team's auditing your factory. No one of our team speaks Chinese.
당사 실사 팀의 귀사 공장 실사에 대비, 영어 공정도를 준비하세요. 우리 팀원 중 중국어를 하는 사람이 아무도 없습니다.

패턴 연습

최선의 방법, 최적의 방법: optimal way

The production manager should find out the optimal way for the factory workers to cut down assembly time.
생산 과장은 공장 작업자들이 조립 시간을 단축할 수 있는 최적의 방법을 찾아야 한다.

• optimum: 최적의(optimal), 최적 조건　　　　　　optimum levels: 적정 수준
　optimum working conditions: 최적의 근무 조건

그보다 더 생산적인 조립 방법을 생각해낸 사람은 아무도 없었다. 그 아이디어 덕분으로 그는 아무 어려움 없이 생산 목표를 달성했다. 승진이 예상된다.
No one could think of a more productive assembly process way than his idea. Thanks to his idea, he has attained his production target with no difficulty. And so he is expected to get promotion.

패턴 연습

~보다 더 좋은 것/곳을 생각할 수 없다: cannot think of more ~ than ~

I cannot think of a more effective way to come down the defective ratio than this.
불량률을 낮추는 방법은 이 방법이 가장 효과적으로 생각된다.

그의 생산 공정에 대한 탁월한 아이디어는 그 회사 성장의 기반을 조성하는데 도움이 되었다.
His brilliant idea of the optimal production process surely served to lay the initial groundwork for the company to grow up.

토대, 기초 공사: groundwork

기초 공사 하다, 토대를 깔다: lay the (initial) groundwork

도움이 되다, 쓸모 있다: serve to 동사 원형

I feel that the conference served to lay the initial groundwork for future cooperation of mutual interest. In particular, I enjoyed having the opportunity to meet you and to dine together.

그 회의는 상호 관심 분야에서의 향후 협력을 위한 초석을 다지는데 일조했다고 생각함. 특히, 귀하를 만나고 식사를 같이 할 기회가 있어 좋았음.

• in particular; particularly

적격의, 당연한: right

He is the right man for the position of production manager.

그는 생산 과장 자리에 적격이다.

Our company policy is the right man in the right place.

당사의 정책은 적재적소의 인재 배치이다.

품질 관리 공정

품질관리 프레젠테이션은 별도로 따로 하셔야 됩니다. 프레젠테이션에는 품질관리부 소개, 검사 장비, 각 검사 시험 방법, 그리고 불량 이력 관리에 대한 내용이 있어야 합니다.

QC presentation is separately required. The presentation should show QC members, inspection equipment, details of each test method, and history of defectiveness.

• QC(quality control): 품질 관리
• QA(quality assurance): 품질 보증

품질관리의 중요성은 아무리 강조해도 지나치지 않다.
The importance of quality control can't be too much emphasized.

패턴 연습

아무리 강조해도 지나치지 않다: can't emphasize ~ too much
can't overemphasize

We can't emphasize the role of entertainment too much in business.
사업상 접대의 중요성은 아무리 강조해도 지나치지 않다.

The importance of health can't be too much emphasized.
건강의 중요성은 아무리 강조해도 지나치지 않다.

패턴 연습

~하는 것은 거의 불가능: it is near/next to impossible to 동사 원형
● 거의: near to, next to, almost

It is near to impossible to overemphasize the importance of quality and delivery in trading.
무역에서 품질과 납기의 중요성을 아무리 강조하여도 지나치지 않다.

● an impossible situation: 그냥 둘 수 없는 상황, 방치할 수 없는 상황

전 사원은 품질 관리의 중요성을 인식하여야 한다.
All the employees should realize the importance of QC.

패턴 연습

~의 중요성을 인지하다: realize the importance of ~

Only after we receive a serious claim from the customer, the factory workers realized the importance of quality control.
고객으로부터 심각한 클레임을 받고 나서야 공장 직공들이 품질 관리의 중요성을 인지하게 되었다.

새로운 QC 과장은 품질 문제를 야기 시키는 고질적인 문제를 근절시켰다.

The new QC manager eradicated the chronical matters causing quality problem.

• 근절하다, 뿌리 뽑다: eradicate, root out, uproot

그 회사는 불량률이 왜 그렇게 높은지를 찾기 위해 애쓰고 있다.

The company is striving to find out what causes the defective ratio so high.

패턴 연습 ●

~하려고 노력하다: strive to 동사 원형, strive for 명사

The company is striving for higher production efficiency.
그 회사는 생산 효율을 높이려고 애쓰고 있다.

We are constantly striving to make further inroads into more numerous countries. We are now looking for business partners in your area.
현재도 여러 나라에 수출 길을 모색하고 있음. 귀국에서 사업 파트너를 물색하고 있음.

당사의 품질 관리는 안심하십시오. 당사 모든 제품의 노화 시험은 엄격 하며, 전 세계 고객들에게 잘 알려져 있습니다.

Please rest assured of our quality control. The aging test of all of our products is very strict, which is well known to many customers world-wide.

Point Aging Test(노화 시험, 가혹 시험)

제품을 혹독한 조건 속에서 오래 동안 사용할 경우, 제품에 불량이 발생되는지, 불량의 정도가 어떠한지를 보는 것이다. 이는 제품 자체의 내구성을 측정하여 시장 불량을 최소화하기 위함이다.
예를 들어, 태양광 모듈의 경우, 제품 출시 후 20년을 보장한다. 20년 사용 후 어떤 일이 있을지 어떻게 알 수 있을까? 외부의 혹독한 환경을 설정하여 테스트함으로써 simulation 할 수 밖에 없다.
그리고 각 aging 단계별로 제품의 내구성을 측정하는 경우도 있는 바, 이를 accelerated aging test(가속 노화 시험)이라고 한다.

노화/가혹 시험: aging test

aging society/building: 노령화 사회/노후 빌딩

age: 나이/연령/연대/수명/시대 　　　　　　　　　　　동 나이 들다, 노화하다

The aging test of PV module is to check how the PV module would be twenty years after installation outside. The warranty of PV module is 20 years.

태양광 패널의 노화 테스트는 태양광 패널이 외부 설치 20년 후에 어떻게 되는 지를 보는 것이다. 태양광패널의 제품 보증 기간은 20년이다.

• a man of my age: 내 나이 또래의 남자　　　　　the green energy age: 그린에너지 시대

　be/act one's age: 나이에 걸맞게 행동하다

• for an age; for ages: 오랫동안

　It's ages since I saw you.　　　　　　　　　　　　本지 정말 오래간만이군요.

• for one's age: 나이에 비해서

　She looks young/old for her age by 5 years. She is my age.

　나이에 비해 5년 늙어/젊어 보인다. 그녀는 나와 동갑이다.

　They are the same age.　　　　　　　　　　　　　그들은 한 동갑이다.

초석, 토대, 기초: cornerstone

Strict quality control is the cornerstone of a growth company.

엄격한 품질 관리는 성장 기업의 초석이다.

The factory workers' carefulness is the cornerstone of quality control.

공장 직공의 주의 깊음은 품질 관리의 토대이다.

불량률, 이력 관리

여름에 태양광 유리 불량률이 어떻게 되는지요?

What's the defective ratio of your solar glass in summer?

☞ 품목마다 상이하지만 더울 때, 추울 때 생산 불량률이 약간 올라가는 품목들도 있다.

최근 6개월간의 불량 사안별 이력 관리서를 보여 주세요.

Please show us the history report of each defective issue for the recent six months.

☞ 불량의 원인은 여러 가지가 있다. 치명적인 불량도 있고 경미한 불량도 있다. 각 불량 항목, 후속 조치, 결과 등이 기록된 이력관리서를 반드시 봐야 한다.

Point 이력 관리서(history report)

이력 관리란 말 그대로 개인 인적 사항을 보여주는 이력서와 같이, 품질/제품/금형 등등의 탄생/수정/불량 발생/대처 등의 일련의 역사를 관리한다는 것이다. 예를 들면, 언제 어떠한 불량이 발생하여 어떻게 조치하였고, 그 이후 어떤 상황이 전개되었는지를 보여준다. 축산물 이력 관리와 유사한 것으로 생각하면 된다. 이러한 이력 관리서를 보면, 회사의 실력이 있는지 회사의 품질 관리는 어떤지, 향후 비젼은 있는지를 알 수 있다.

패턴 연습 ●

대변하다, 말하다: represent
● represent: 대표/주장/표시/상징/단언/묘사/상상/기술/의미/상당하다

The company's customers represent that the quality of the company product is excellent.
그 회사의 고객들이 그 회사 제품의 품질이 탁월하다는 것을 대변한다.

This very low defective ratio represents the company's excellent QC.
이 낮은 불량률은 그 회사의 탁월한 품질 관리를 대변하고 있다

유해 물질 관리

유해 물질 관리 시스템은 어떠한가?

How is your hazardous substances management system(HSMS)?

Are the hazardous substances inspection items reflected at incoming inspection?

RoHS 6대 유해물질에 대한 관리기준은 어떠한지?

How is your management system for six hazardous substances of RoHS?

Point RoHS(Restriction of Hazardous Substances)

2006년 7월 1일부터 EU에서 시행된 전기전자제품에 유해물질 6개의 사용을 제한하는 유해물질 사용 제한 지침으로 대상 유해 물질 6개는 납, 카드뮴, 수은, 6가 크롬, 난연제(PBBs, PBDEs)이다. 6대 유해물질 규제농도는 카드뮴(Cd) 100 ppm, 납(Pb) 1,000 ppm, 수은(Hg) 1,000 ppm, 6가크롬(C6+) 1,000 ppm, PBB 1,000 ppm, PBDE 1,000 ppm이다.

REACH 법규에 대해 고객사 요구사항에 대응하고 있는가?

Do you meet the requirements of clients about REACH regulation?

Point REACH

REACH는 Registration, Evaluation, Authorization, and Restriction of Chemicals의 약자로 EU 내 연간 1톤 이상 제조 수입되는 모든 물질에 대해 제조 수입량과 위해성에 따라 등록, 평가, 허가 및 제한을 받도록 하는 화학 물질 관리 규정.

연구소 및 기술

연구소 연구원은 몇 명인지요? 박사 학위 소지자, 석사 학위 소지자 및 학사 학위 소지자는 각 몇 명?

How many R&D engineers do you have - Ph.D, MA, and BS each?

하드웨어 연구원은 몇 명입니까?

How many hardware engineers do you have?

통신 제품 연구소 연구원 구성

핸드폰 같은 통신제품을 만들려면, software engineer, hardware engineer, mechanical engineer, designer가 필요하다.

- software engineer: 제품의 S/W 담당
- hardware engineer: 제품의 PCB 설계, 전자 통신 부품 담당
- mechanical engineer (기구 연구원): 제품의 기구적인 사항 (금형/사출 등) 담당, 제품의 기구 부품 담당
- designer: 전체적인 외관 모양 담당

이 각 분야의 연구원들의 힘이 합쳐져야 멋진 제품이 탄생한다. 큰 회사는 디자인 연구소가 별도로 운영된다.

매출액중의 몇 %가 연구기술 투자인지요?

What's the portion of R&D investment over your sales amount?

회사 자체의 기술이 있는지요?

Do you have your own technology?

그 회사의 연구소는 우여 곡절을 거쳐 혁신적인 신제품을 개발했다.

The R&D of the company finally developed a new, innovative product after many twists and turns.

패턴 연습

우여곡절 후에: after many twists and turns; after much meandering; many twists and turns; complications; vicissitudes; ups and downs

The new sales manager has succeeded in securing US$10 Mil order from the company after many twists and turns.
새로 온 판매 과장은 우여곡절 끝에 천만 불 오더를 수주하는데 성공했다.

The QC manager finally found out the exact cause for the defectiveness after many twists and turns.
품질관리과장은 우여곡절 끝에 불량 원인을 찾아냈다.

Point 제품 개발 절차

어떤 제품이든 개발에서 시장 출시의 과정을 간략히 보면, product idea → design sketch → rendering sample → working mock-up sample → tooling → field test → PP(pilot production) → MP(mass production)의 단계를 거친다.

각 단계에서 품평회를 개최, trouble-shooting을 반복, engineering change하면서 제품을 개발한다. 물론 이 과정에서 개발하다 drop 되는 제품이 많다.

- rendering sample(non-working sample) 작동되지 않는 기구적인 견본
- working sample: 작동 견본
- prototype: 견본(작동 유무 상관없이)

패턴 연습

~하는 중이다: under + 명사

　　　　　　　　개발/　　　　생산/　　검토/　　　　고려/　　　논의　　중이다
under development/production/review/consideration/discussion

Your proposal is under review by my boss.
귀하의 제안은 나의 상관이 검토 중이다.

The issue of investment in a new project is under discussion at board of directors.
신규 프로젝트 투자 건은 이사회에서 논의 중이다.

다른 기술자들의 아이디어를·도용하지 마라.

Don't appropriate/copy/steal other engineers' ideas.

그 회사는 머지않아 혁신적인 LTE 핸드폰 개발을 발표할 것이다.

It will not be long before the company announces the development of innovative LTE phone.

- it will not be long before ~: 머지않아, 곧

개발 진행사항이 무척 궁금합니다. 가르쳐 주세요.

I am so curious about the progress of development. Please scratch my itch.

- itch: 가려움, 옴, 욕망　통 가렵다, ~하고 싶어 하다

그 회사의 우리 기술에 대한 투자 여부는 아직 미결이다. 당사 기술 개발의 주요 진행 사항을 그 회사에 브리핑해라.

The company's decision on the investment in our technology is up in the air. Please brief the company on the key progress with our technology development.

- up in the air: 미결정으로, 막연하여, 매우 화가나

패턴 연습

~을 A에게 요약 설명하다: brief A on ~

Please brief your executive director on the critical issues which occurred during his overseas trip. Never beat around the bush, but get to the point.
이사에게 출장 시 발생한 주요 사안들에 대해서만 간략히 브리핑해라. 절대 변죽 울리지 말고 요점만 얘기해라.

- to be brief: 간단히 말하면
  brief and to the point: 간략하고 요령 있는(succinct)
- get to the point; get down to the nitty-gritty: 핵심을 찌르다, 요점을 얘기하다, 사실을 직시하다

새로운 연구 소장이 마음에 들지 않지만, 첨단 기술을 동향을 파악하기 위해서는 그가 필요하다.

The new head of R&D is not my cup of tea. But we need him in order to keep abreast of the cutting-edge technology trend.
- cutting-edge: 최첨단의(most advanced), 가장 현대적인

패턴 연습

마음에 드는 것: one's cup of tea, to one's liking

The design manager's design of a new LTE phone is not my cup of tea.
디자인 과장의 새로운 LTE 핸드폰 디자인이 마음에 들지 않는다.

The vendor is not our liking. But it is the only company in Korea who can supply overmolding parts for shielding purpose.

그 협력업체가 마음에 드는 것은 아니다. 하지만 그 회사가 한국에서 전자파 차폐용 오버몰딩 부품을 공급할 수 있는 유일한 업체이다.

패턴 연습 ●

~에 잘 쫓아가다, 뒤떨어지지 않다: keep/be abreast of ~

You cannot survive in fashion business unless you keep abreast of trends.

트랜드를 읽지 못하면 패션 사업에서 살아남을 수가 없다.

이 혁신적인 제품의 개발을 공표하게 되어 아주 자랑스럽습니다.

We are very proud to announce the development of this innovative product.

패턴 연습 ●

~하게 되어 자랑스럽다: be proud to 동사 원형; be proud of ~ing;
take a pride in ~ing

We take a pride in working at the company which treats all the employees as the family.

모든 직원들을 가족처럼 대해주는 회사에 다니는 것이 자랑스럽다.

We are proud of giving 1,200% bonus to all the employees.

모든 직원들에게 1,200% 보너스를 지급하고 있는 것이 자랑스럽다.

특 허

특허를 대충 몇 개 보유하고 있나요? 많으면 많을수록 협력업체 선정 시 유리합니다.

How many patents do you have approximately? The more, the better for vendor selection.

• approximately; around; in the ball-park figure; roughly: 대략, 대강, 얼추

만약 특허가 있다면 상세 내역 기입하세요.

Details of your patents should be written down, if you have any.

귀사의 태양광 유리 제조 기술이 자체 기술이 아니라면, 귀사에서 생산하는 태양광 유리를 당사에서 사용할 경우, 특허 침해 문제는 없는지요?

If the technology of your presently making solar glass is not your own one, I wonder whether our using your solar glass infringes any patent or not.

• infringe the patent: 특허 침해하다

  The company charged that the competitor had infringed its patent.

  경쟁회사가 특허를 침해했다고 고발했다.

거래선

10대 고객 리스트와 각 고객별 매출 비중이 필요합니다.

We need the list of your top ten customers and each customer's portion of your total sales.

☞ 협력업체 선정 시 중요한 사안이다. 세계적인 회사들이 이 부품업체의 부품을 사용한다면, 이 회사를 협력업체로 고려하는 회사들은 일단은 안심이 될 것이다. 한국의 S전자, L전자에 납품하는 업체라면 일단은 그 실력이 검증된 것이다. 한 마디로 business reference site가 확실한 것이 되는 것이다.

우리 고객의 상당수가 망하고 있다. 생각해보니 우리에게 주어진 것은 공장 문을 닫거나 큰 손실을 감수하면서 태양광 유리 생산을 지속하느냐에 있다.

Most of our customers have been collapsing down. Come to think of it, the only solution ahead of us is to close our solar glass factory or to keep producing solar glass with much loss.

패턴 연습 •┈┈┈┈┈┈┈┈┈┈┈┈┈┈┈┈┈┈┈┈┈┈┈┈┈┈┈┈┈┈┈┈┈┈┈┈┈

다시 생각해보니, 정말, 실로: come to think of it

Come to think of it, I should have visited my father; yesterday was his birthday.
생각해보니 아버지를 방문했어야 했다. 어제가 아버지 생신이네.

Come to think of it, I forgot that there was some engineering change. I have to inform our vendor of this change immediately.

생각해보니 사양 변경이 있은 것을 잊어 먹었다. 협력업체에 이 사항을 즉시 통보하여야 한다.

> ### *Point* 부품 승인원(Request for Part Approval)
>
> 모든 협력업체는 부품 승인원을 완제품 연구소에 제출, 그 부품에 대한 양산 승인을 받아야 해당 부품을 양산하여 완제품 업체에 공급 가능하다. 이 양산 승인이 떨어져야 구매부서의 발주가 가능하다. 사양 변경이 계속 일어나고 제품 출시일은 잡혀 있고 하다보면 양산 승인 일정과 양산 일정이 맞지 않을 수도 있다. 이런 경우는 탄력적으로 대처할 수 밖에 없다. 제품 출시 일정이 화급하면 사후 승인 조건으로 양산하는 경우도 있다.

우리 고객사들을 보면, 당사는 귀하가 당사와의 거래에 안심하여도 될 시종 일관한 회사라는 것을 알 수 있다.

Our customers show that we are a coherent company with which you can rest assured of doing business.

- coherent: 시종 일관한, 말을 바꾸지 않는

 He is a coherent businessman. You may believe what he says to you.

 그는 시종 일관한 사업가이다. 그가 말하는 것은 믿을 수 있다.

신규 거래처/협력업체 선정 시, 회사 정책대로 행동해라.

When you select a new customer/vendor, do act up to your company policy.

☞ 회사 제품이 경쟁력이 있으면 buyer도 선택할 수 있다.

Chapter 10

협 상

1 가 격

가격 인하 요청

10% 가격 인하 요청 드립니다. 시장 경쟁이 진짜 치열합니다. 가격 인하 없이는 견디기 힘듭니다.

Please allow us to ask for your price cut by 10%. The market competition is really severe here. We will lose a large portion of our M/S if there is no price cut.

☞ 외국의 물품을 공급 받아 시장에서 재판매하거나, 기업체에 납품하는 경우, 외국의 공급업체에 공급가 인하 요청.

대량 구매 가격 적용하시는지요? 적용한다면 수량별 가격 제시바랍니다.

Do you apply quantity price? If so, please give me price/quantity again.

Tip | Quantity Price: 대량 구매 가격

Quantity price는 큰 수량을 오더하면 가격이 인하되는 것을 의미한다. 예를 들면, 1,000개 주문 시 개당 US$10이나 10,000개 주문하면 US$7이라면 US$7이 quantity price이다.

대량 구매 시 하는 가격 인하를 quantity discount라고 한다. 따라서, Is there any quantity discount?라고 하여도 대량 구매 가격이 적용되는지를 문의하는 것이다.

가격을 5%만 인하하여 주시면 감사하겠습니다. 도와주시면 당사의 시장 점유율이 좀 더 올라 갈 것이고 귀사에 보다 많은 수량을 주문할 수 있을 것입니다. 이 수량 증가가 귀사의 가격 인하를 어느 정도는 보상해 줄 것임.

We would very much appreciate it if you could come down your price by 5%. We are sure that, with your hands-on help and cooperation, we will be able to get more market share, thereby you shall receive more order quantity, which may compensate for your price cut somewhat.

☞ 가격 인하를 하면 판매 수량을 늘릴 수 있기 때문에 개당 판매 이익은 줄더라도 전체 판매량이 증가되니 가격 인하가 결국은 더 보상이 될 것이라는 내용.

패턴 연습

도래, 출현: advent

The advent of new suppliers expects our customer's request for price cut soon.
신규 공급업체의 등장으로 고객의 가격 인하 요청이 예상된다.

☞ 신규 진출업체는 항상 가격이 싸다는 것을 내세울 가능성이 크다. 신규 업체들의 등장은 대부분 가격 인하로 이어진다.

가격 인하 수락 불가

원자재 시장 상황으로 귀사의 가격 인하를 수락할 수 없어 유감스럽습니다.

We regret that we can't accept your request for price cut because of the market situation of raw materials.

☞ 이 상황은 오히려 가격 인상 요청을 하여야 되는 상황이다. 원자재 가격 상승은 객관적으로 입증이 되는 사항이다.

인건비 상승으로 더 이상 가격 인하 수용 불가합니다. 그 가격으로는 귀사에서 요구하는 사양을 만족시킬 수 없습니다.

The increasing labor cost prevents us from accepting your price cut. We can't satisfy your specification if you insist on that kind of price cut.

☞ 직원들 급여 상승으로 인한 간접비 상승으로 가격 인상 요청을 하여야 되는 상황이나, 이는 회사 자체의 문제인 바, 인상 요청은 어렵다. 단지 위의 문장과 같이 고객의 가격 인하 요청에 대한 핑계로는 괜찮아 보인다.

패턴 연습

귀하의 요청에 응할 수 없음을:

for not being able to comply with your request;
for being unable to comply with your request;
for not being capable of complying with our request;
for being uncapable of complying with our request

We are very sorry for being unable to comply with your request for earlier shipment by 10 days.

10일 더 일찍 선적시키라는 요청을 충족하지 못해 죄송합니다.

가격 인하 통보

2012/6/1일부터 모든 협력업체의 공급 가격을 3% 인하 요청 드리오니 협조하여 주시기 바랍니다.

All the vendors are required to accept our suggested supplying price cut by 3%, effective June 1, 2012.

☞ 고객이 공급업체에 가격 인하 요청. 고객 중심의 시장 상황임.

최근 3개월간의 유가 하락으로 당사의 ABS 가격을 10% 인하드릴 수 있어 매우 기쁩니다. 조정 가격은 금년 말까지 유효합니다. 지속적인 발주에 감사드립니다.

We are very pleased to inform you that, thanks to price cut of oil during recent three months, we come down the price of ABS by 10%, and the new price of US$2,000/ton shall be effective until the end of this year. Thank you for your continued order.

☞ 공급업체가 고객에게 가격 인하 통보. 플라스틱 가격은 플라스틱의 원료인 원유 가격에 좌우된다. 원재료 가격 변동으로 고객의 가격 인하 요청이 올 것인 바, 자진해서 가격 인하 통보한 것임. 장기 거래처에 대한 서비스이고, 추후 원유 가격이 오른다면 자연스럽게 가격 인상이 될 수 있는 기반을 조성하는 것임.
장사는 give and take이다.

가격 인하를 위한 원감절감 묘안이 문득 생산과장의 머리에 떠올랐다. 나에게는 그런 생각이 떠오르지 않았다.

The cost-down idea of the way for price cut came across the production manager's mind. That kind of idea did not come to me.

가격 인하 수락

말씀하신 바와 같이, 시장 상황이 유리하게 변하고 있습니다. 귀사에서 제시하신 10% 가격 인하 받아들이겠습니다.

As you said, the market is turing out to our favor. We will accept your request for 10% price cut.

패턴 연습 ●

유리하게, 형편 좋게: to advantage

The solar energy market turned out to the company's advantage.
태양광 시장이 그 회사에 유리해졌다.

귀중한 고객사의 원가 절감 운동에 기꺼이 동참하겠습니다. 우리는 같은 배에 타고 있습니다. 고객이 잘되어야 당사와 같은 협력업체가 잘 될 수 있습니다.

We will be happy to join our invaluable customer's cost-down program. We are in the same boat. Our customer should make money first, and then its vendor like us can make money.

☞ 납품을 받아 주는 업체가 잘되어야 납품 업체가 살 수 있다. 완제품 업체가 잘되어야 부품 업체가 잘 될 수 있는 것이다.

고객의 원가 절감 운동에 순응하여 가격을 3% 인하했다

The vendor cut down its price by 3%, in accordance with the cost-down movement of its customer.

~와 조화/일치하여, ~에 따라, ~을 좇아: in accord/accordance with

↔ be out of accord with; be in discord with ~와 일치하지 않다

• accord: 일치/조화, 일치/조화하다 ↔ discord 불일치, 부조화, 불일치하다

I am in full accordance/accord with your pricing strategy.
당신의 가격 전략에 전적으로 찬성합니다.

Mr. Kim's words and actions do not accord.
언행이 일치하지 않는다.

가격 인하 폭 조정 요청

귀사에서 제안하신 10% 가격 인하는 매우 어려운 바, 5% 인하로 조정하여 주시면 감사하겠습니다. 주지하시다 시피, 당사 제품의 주요 원료인 은(銀) 가격이 최근 10% 인상되었습니다.

It's very difficult for us to come down our price by 10%. We would appreciate it if you could allow us to come down the price by 5%. As is known to all, the price of silver, which is our main raw material, recently went up by 10%.

☞ 논리적이고 합리적인 개관적인 근거 제시가 된다면 어느 정도는 수락 된다.

당사의 마진은 귀사가 생각하는 만큼 크지 않습니다. 가격을 5% 인하한다면 손해를 봅니다. 생산이 많아질수록 돈을 더 잃게 됩니다. 당사가 최소한의 이익은 확보할 수 있도록 가격 인하를 3%만 하도록 하여 주십시오.

Our profit is not big as you might think. If we cut our price by 5%, we lose money from supplying goods for you. The more production, the more money we lose. We honestly hope that you will allow us to secure the minimum margin by coming down our price by 3%.

☞ 생산하면 할수록 손해 보는 장사는 하기 어렵다. 가격인하 폭을 조정 요청한다.

가격 인하 요청에 대한 대응

터치스크린 업체가 가격을 인하하여야 된다는 귀사의 제안은 너무합니다. 왜냐하면 터치스크린에 소요되는 은의 가격이 최근 상당히 인상되었기 때문입니다.

Your suggestion for the touch screen vendor to come down the price goes too much, as the price of silver particle, which is required for touch screen, recently went up a lot.

☞ 바로 아래의 패턴 연습에 있는 문장으로 쓸 수도 있다.

패턴 연습 ●

A가 ~하라는 제안: your suggestion for A to 동사 원형;
　　　　　　　 your suggestion that A (should) 동사 원형

Your suggestion for our company to work together with your marketing company is highly appreciated. However, we have a branch office in Paris which has been doing our marketing in France.
귀사의 마케팅 회사가 당사와 함께 일하자는 귀사의 제안은 감사하나, 당사는 이미 프랑스에서 마케팅 활동을 하고 있는 파리지사가 있음.

그 구매 과장은 재료비 분석 후 우리의 가격이 10불을 넘지 말아야 한다고 단언한 동시에 가격 인하 방안을 제시했다.

After analyzing materials cost, the production manager asserted that our price should not exceed FOB US$10.00/unit and at the same time proposed the way how to come down our price.

그 회사의 납품업체가 되고 싶다면 구매과장에게 대폭 인하한 가격을 제시해라. 그러면, 다음 분기부터 터치스크린 공급 시작하게 될 것으로 확신한다.

If you want to become the company's vendor, please offer bold price-cut to the purchasing manager, which I am sure will allow you to start supplying your touch screen from next quarter.

우리 경쟁업체가 치킨 게임에서 살아남기 위해 곧 가격 인하를 단행할 것이라고 단언한다.

I assert that our competitor will come down the price shortly in order to survive the chicken game.

경쟁사의 급격한 가격 인하에 당황했다.

The company was so confused at the drastic price cut of its competitor.

가격 인하 방안 제시

귀사 지정 부품 대신 우리가 구한 부품을 사용하도록 해주시면 어느 정도의 가격 인하는 가능합니다.

If you allow us to use our sourced part instead of your designated part, it would be possible to come down our price somewhat.

귀사 검토 및 승인용 견본 즉시 송부 가능합니다.

We can send our proposed sample right away for your evaluation and approval.

가능하다면 귀사 지정 부품 대신 당사에서 찾아낸 부품을 사용하고 싶음. 이 경우 가격 변동 없음.

If it is possible, we would prefer to use our sourced part rather than your designated part. Our prices will remain same.

Point 생산 라인 조정(adjustment of production line)

실제로 제조업체에서 발생되는 일이다. 누국에게나 팔 수 있는 size가 아니고, 특정 고객용으로 주문 제작이 되는 것이라면 생산 라인을 조정하여야 제작 가능한 제품도 있다. 이 경우, 생산 라인 조정 시간이 상당히 소요된다면 시간 손실에 따른 기회비용(opportunity cost)를 무시할 수 없다. 1개월마다 생산 라인 조정하는 것을 3개월에 한 번 조정, 일괄생산 하는 것으로 끝낼 수 있다면 가격 인하 가능한 것이다. 물론 이 경우, 고객의 입장이 3개월 치를 한 번에 주문 할 수 있어야 가능하고, 대금 결제, 재고 부담, 당장 필요 없는 물품을 어디에 보관할지 등의 문제가 현안으로 떠오를 것이다. 장기적인 거래 관계라면 물품은 공급업체에 일정 기간 보관하고 선적 후 CY에 일정 기간 보관하는 방법들이 있을 수 있다. 거래는 항상 상대방의 사정을 정확히 파악되어야 서로에게 좋은 방안이 모색된다. 거래는 trade-off 인 바, 상대방에게 좋은 일이 될 수 있는 사안이 있으면 그것을 제시하고 자기가 필요한 것을 취하면 된다.

• trade-off: (타협을 위한) 교환/거래, (바람직하게 하기 위한 서로의) 균형

가격 인상 통보

최근 메탈 실리콘 가격 인상으로 2013/4/1일부터 당사 폴리실리콘 가격은 kg당 US$32로 인상됨을 통보 드립니다. 하지만 3월 말일까지 발주하시는 물량은 현재 가격인 US$30/kg로 공급 드리겠습니다.

We would like to inform you that, because of the recent price hike of metal silicon, our price of polysilicon will go up to US$32/kg as from March 1, 2013. We will accept any orders, for which you firmly place an order by the end of March, at the present price of US$32/kg.

Tip **Polysilicon: 폴리실리콘**

폴리 크리스털린 실리콘(poly crystalline silicon)이라고도 함. 작은 실리콘결정체들로 이루어진 물질로, 일반 실리콘결정과 아모퍼스(비정질)실리콘의 중간 정도에 해당하는 물질이다. 순도가 99.9999% 이상일 경우에는 반도체용으로 반도체 웨이퍼를 만드는 데 사용하며, 99.99%일 경우에는 태양전지용으로 솔라 셀(solar cell) 기판을 만드는 재료로서 사용된다. 반도체 웨이퍼 scrap은 solar cell 기판용으로 사용 가능하다. 폴리실리콘의 원료는 메탈 실리콘이다.

• Solar cell 공정: metal silicon → polysilicon → ingot → wafer → solar cell

이번 수요일에 3%의 가격인상이 전면적으로 단행될 것이다.

There will be an across-the-board price increase of 3% as from this Wednesday.

• **across-the-board:** 전면적인, 전체에 걸친, 연승식으로
  an across-the-board pay raise: 일괄 임금 인상

가격 인상의 불가피성 설명

귀사에서 디자인 변경한 완구의 가격을 인상할 수 밖에 없는 사유를 설명 드립니다.

Let us explain to you why we have no option but to increase our price of your design-changed toy.

우선, 케이스 재질을 ABS에서 PC로 변경했고, 두 번째로 모서리 처리가 날카로워 둥글게 처리하는 것으로 변경하였습니다.

First, you changed the plastic resin for the case from ABS to PC. Second, your corner treatment was changed to R because of sharp edge.

- R: rounded의 약자로 제품 도면에 보면 보통 R로 보시한다. 모서리를 둥글게 처리한다는 것임. 모서리가 둥근 것은 각진 모서리보다 가공비가 높다.

즉, 이 두 가지 사유로 인해 원재료비와 모서리 가공비가 인상되었습니다.

To wit, the material cost and corner treatment charge went up because of these two changes.

Tip | 사양 변경에 따른 가격 인상

위의 상황은 고객이 제품 개발 과정에서 engineering change 한 것인 바, 가격 인상 요청이 당연하다. 공급업체의 경우, 사양 변경에 따른 가격 인상 요소가 있으면 그때그때 즉시 고객에게 가격 인상된다고 통보하여 고객이 사양 변경 여부를 결정하도록 하여야 한다. 고객이 사양 변경했다고 아무 말도 없이 진행하다. 제품 개발 완료된 후 가격 문제가 사안이 된다면 난처한 일이 아닐 수가 없다. 어떤 제품도 제품 디자인에서 완제품이 출시될 때 까지 사양변경이 없는 것은 없다.

패턴 연습 ●······

바꾸어 말하면, 즉: to wit; in other words; namely; that is to say

Until our customer approves your counter sample made by your own raw materials, we will supply our raw materials to you as we discussed. In other words, for the time being, you have to use our raw materials.

당사 고객이 귀사의 원재료로 만든 견본을 승인할 때 까지, 우리가 협의한 바와 같이 우리의 원재료를 공급할 것임. 바꾸어 말하면, 견본 승인 시까지 당사에서 공급하는 원재료를 사용하여야 됨.

최근 3개월의 은 가격 인상으로 판단하건대, 터치스크린 업체가 곧 가격 인상을 단행할 것이라는데 대해서는 의심의 여지가 없다

There is no question about the upcoming price hike of touch screen companies, as the price of silver went up tremendously for the past three months.

~할 가능성은 없다, 의심할 여지가 없다

there is no question/doubt; it cannot be questioned that ~;

no doubt; without doubt; certainly; out of question; beyond question;

no question; without question

● out of the question; impossible: 불가능한

It can't be questioned that the company will take the largest M/S in the cellular phone market after its acquisition of one of top three largest cellular phone companies in the world.

그 회사가 세계 3대 핸드폰 업체 중 한 회사를 인수함으로써 핸드폰 시장에서 가장 높은 시장 점유율을 갖게 될 것은 의심의 여지가 없다.

There is no question that our device is more powerful than any of the other devices on the market.

우리 장치가 시장에 나와 있는 어떤 장치보다 더 강력한 장치라는 것에 의심할 여지가 없다.

시장 점유율: market share(M/S)

시장을 점유하고 있다: take M/S

The company takes 95% M/S in Korean market. Its competitor has only 5%, and so it is distant second .

그 회사의 한국 시장 점유율은 70%이다. 경쟁 업체의 시장 점유율은 겨우 5%로 1등과 큰 격차가 있는 2등이다.

☞ 막상 막하(neck and neck)의 2등은 close second라고 한다.

● take the lion's share: 최대의 몫을(가장 좋은 부분을) 갖다

Which vendor takes the lion's share totally depends upon the price, as each vendor's quality does not show any difference.

각 협력업체간 품질 차이가 없기 때문에 어느 협력업체가 가장 많은 오더를 수주하느냐는 전적으로 가격에 달려있다. 만약 품질/가격이 동등하다면 고객과의 인간관계에 의해 좌우 될 것이다.

가격 인상 요청

당사의 불가피한 상황에 대한 귀사의 양해를 구합니다.

We want to ask for your considerate understanding of our inevitable situation.

아마 잘 아시다시피 최근 실드 캔의 원료인 스테인리스 가격이 지속적으로 인상되고 있습니다.

As you might well know, the price of stainless steel, raw materials of shield can, has been tremendously going up recently.

따라서, 당사의 실드 캔 가격을 스테인리스 가격 인상분만큼만 인상하도록 허락하여 주시면 대단히 감사하겠습니다.

We, therefore, would very much appreciate it if you could allow us to raise our price of shield can by the price hike of stainless steel.

• shield can: 전자파 차폐 방법의 한 가지로 스테인리스나 양백 등으로 전자 부품위에 덮어씌우도록 만든 메탈 커버를 말한다.

당사가 처음 제출한 가격은 귀사에서 제시하신 월 10만 톤 기준으로 가격 산정하였습니다.

Our original quotation was based upon your purchasing quantity of 100,000 tons/month.

하지만 최근 3개월간 귀사의 실질적인 월 구매 수량은 1만 톤에 불과하였습니다.

But your actual monthly purchasing quantity has been only 10,000 tons for the recent three months.

당초 말씀하신 대로 10만 톤을 구매해주시기 바랍니다. 아니면 구매 가격을 인상 하여 주십시오.

We hope that you will increase your purchasing quantity to 100,000 tons/month as you originally said. Otherwise, we hope that you increase your purchasing price.

☞ 실제 발생되는 상황이다. 몇 개월 기다려보고 구매 수량이 말한 것과 큰 차이가 있으면 가격 인상이나 수량 증가를 촉구하는 것이 바람직하다. 물론 공급업체가 경쟁력이 있을 경우다.

원료 가격이 급등하고 있어 귀사 오더를 단가 US$10으로 계속 공급하는 것은 거의 불가능합니다. 도와주시면 감사하겠습니다.

It's next to impossible for us to keep supplying your order at the unit price of US$10, because of skyrocketing price of raw materials. Your considerate help would be appreciated.

가격 인상 수락 불가

지금은 가격 인상할 때가 아님을 통보 드리게 되어 유감입니다.

We regret to inform you that now is not an occasion for price hike.

패턴 연습

기회, 때: occasion

It was a really great occasion for me to see you during my stay in your country.
귀국 체류 시 귀하를 만난 것은 정말 좋은 일이었음.

마지막으로 말씀드리지만 귀사의 가격 인상 요청은 절대 받아들일 수 없습니다. 우리의 사양 변경이 없는 한, 귀사가 당초 당사에 오퍼하신 가격은 준수하셔야 됩니다.

Last but not the least, your request for price hike is totally unacceptable. You should keep your original quotation to us, as far as there is not our change of original specification.

패턴 연습

마지막에 나열하는 사항이지만 앞에 사항 못지않게 중요하다
last but not the least

Last but not the least, sudden price hike shocks our customers. And so you are required to inform us of the price hike schedule a few months in advance.

마지막으로 얘기하지만, 갑작스러운 가격 인상은 우리의 고객들을 놀라게 함. 따라서 몇 개월 전에 가격 인상 일정을 사전 통보하는 것이 바람직함.

Last but not the least, the delivery is also important.
마지막으로 얘기하지만 납기도 마찬가지로 중요하다.

~할 입장이다: in a position to 동사 원형

I, however, regret to advise you that we are not in a position to give/make a positive answer to your suggestion.
귀하의 제안에 대해 긍정적인 회신을 드릴 입장이 아님을 통보 드리게 되어 유감임.

If you are in a position to supply your pulp, please do not hesitate to contact us, as we can place regular orders for 10,000~15,000 M/T of pulp in the near future.
펄프 공급 가능하면 언제든지 연락 바람. 가까운 장래에 정기적으로 1만 내지 1만5천 톤 발주 가능함.

점증하는, 점점 증가하는
increasing, increasingly ↔ decreasing, decreasingly

Moreover, there are many other garment-manufacturing factories in Korea which are getting increasingly automated.
점점 더 자동화하는 의류 제조 공장들이 많이 있다.

We expect the increasingly severe price competition among solar glass companies because of lower demand for the glass from PV module companies.
태양광 패널 업체의 유리 수요가 줄어 태양광 유리업체간의 가격 경쟁이 더욱 치열해질 것으로 예상된다.

가격 인상 수락

최근 원료 가격 인상을 고려, 귀사의 가격 인상 요청을 받아들입니다.

Considering the recent price hike of raw materials, we will accept your request for price increase.

하지만, 당사의 대(對) 고객 가격은 인상될 수 없어 당사의 이익은 더 작게 됩니다.

But please note that our price to our customer can't go up, and so our profit gets smaller.

추후 기회가 된다면 당사의 입장을 고려하여 주시기 바랍니다.

I hope that, if possible, you will consider our position in the future.

☞ 공급업체로부터 무언가 사서 그걸 갖고 다시 무언가를 만들어 판매하고 있는 회사가 어쩔 수 없이 가격 인상을 받아 들였을 경우다. 이러한 상황은 아마 공급업체의 품질이 뛰어나거나 고객이 이 회사의 부품을 사용하라고 지정하였거나 하는 경우이다,

납기를 60일에서 30일로 단축시켜 준다는 조건하에 가격 인상 수락합니다.

We will accept your price hike, on the condition that your delivery is shortened to 30 days from 60 days.

☞ 물품을 구매하는 입장에서는 납기가 짧으면 짧을수록 좋다. 공급하는 업체에서는 납기가 길면 길수록 좋다. 공장을 가동하는 입장에서 6개월 치, 12개월 치 오더가 사전에 확정되어 공장을 가동한다면 얼마나 좋을 것인가.

가격 인상 수락하며, 이것으로 귀사 경영진의 당사에 대한 태도가 변경되기를 바랍니다.

We accept your price hike, and hope that this will transform your management's attitude to our company.

☞ 실무자끼리는 친한 관계이나, 아마 거래 상대방 회사의 경영진에서 부정적으로 보고 있은 모양임.

가격 인상 폭 조정 요청

정히 인상이 불가피 하다면 인상 폭을 최소화 시켜 주시기 바람.

We honestly hope that your situation allows you to increase price not so much, if price hike is really inevitable.

패턴 연습

불가피한: inevitable/unavoidable/certain/destined/fated/inescapable
　　　　predetermined/uncontrollable/beyond one's control
inevitable result/conclusion 당연한 결과/결론

It was inevitable that the company cut down the price in order to keep the position of vendor.
협력업체의 지위를 지키기 위해 가격 인하는 불가피한 일이였다.

The inevitable end of human life is death.
인생에 반드시 찾아오는 최후는 죽음이다.

생산수율이 좋지 않아 현재 가격으로는 도저히 채산성이 없다면 가격 인상 요청분의 절반은 받아들이겠습니다.

If the present price really makes you lose money because of low yield rate, we will accept 50% of your requested price hike.

대신, 금주안에 생산 수율 향상 방법을 찾아내세요.

Instead, please do find out the way to elevate the yield rate within this week.

생산수율 향상을 위해 사양 변경이 필요하다면 당사 연구소와 협의하세요.

If there is any engineering change required for higher yield rate, please discuss it with our R&D.

☞ 생산 수율이 좋지 않으면 불량이 많아지는 것이고, 이는 가격 경쟁력이 없어지는 것이다. 생산 수율은 제조업체의 생명이다. 연구소는 제품 개발 시 생산 수율이 좋도록 개발을 하여야지, 성능만 좋고 수율이 좋지 않은 제품을 개발한다면 그 제품은 생명이 없는 제품이다.

2   품 질

가격 인상 없이 동일 품질 유지 방안 제시

최근 원자재 시장의 변동으로 당사 제품의 가격에 영향을 미칠 것입니다. 품질과 가격 모두 같이 중요한 바, 가격 인상 없이 동일 품질을 만들 방법이 있다면 상세한 내용을 얘기해주세요.

Recent change of raw materials market will affect the price of our product. The quality and price are equally critical. If there is any way to keep the same quality without price hike, please tell me about the details.

패턴 연습 •

똑같이 중요하다: equally critical

Quality control between your company and ours is equally critical.
양사간의 품질 관리는 양사에 똑같이 중요하다.

Quality, price, and delivery are equally critical.
품질, 가격, 납기는 똑같이 중요하다.

☞ 이 세 가지가 경쟁력이 있다고 오더 수주 확실한가? 그렇지 않다. 오더는 주는 사람 마음이다. 이런 경쟁력을 갖춘 업체는 단지 오더 받을 자격이 갖추어져 있을 뿐이다.

불량 판정 기준 확정

귀사의 품질 검사와 관련, 불량품 판정 기준을 수립하여야 됩니다.

Regarding your IQC, we need to fix which is acceptable and which is unacceptable.

• IQC: incoming quality control: 들어오는 부품/제품 품질 검사
  OQC: outgoing quality control: 나가는 부품/제품 품질 검사

우리에게 보다 더 중요한 일은 귀사가 당사에 발주 전에 귀사와 당사간에 품질 판정 기준을 설정하는 것입니다.

What's more important to us is that, before you start placing orders with us, you and we have to set up a criteria/standard showing which is OK quality and which is defective.

☞ 장기 거래 관계이라면, 불량품에 대한 판정 기준이 반드시 있어야 한다. 예를 들면, 제품에 아주 미세한, 육안으로 확인하기 어려운 scratch가 있다. 이것으로 불량으로 볼 것인가, 양품으로 볼 것인가? 이런 경우, scratch 판정 기준이 있으면 argue 할 필요가 없을 것이다. 불량품 판정 기준 설정은 매도자 매수자 모두에게 바람직한 사안이다.

패턴 연습 ●

우리에게 (아주) 중요한 것은 ~이다, 보다 더 중요한 일은
What is (most) important to us is ~ ; What is more important is ~

What is more important at the moment is how to come down the defective ratio, not to increase production capacity.
현재 보다 더 중요한 일은 생산력 증가가 아니고 불량률을 어떻게 하면 낮출 수 있느냐는 것이다.

귀사와 당사간의 있을지도 모를 논쟁을 피하기 위해서는 이물질 검사 기준을 사전에 확정하여야 한다.

In order to avoid possible argument between you and us, we have to fix the way to examine the foreign material in advance.

• foreign material: 이물질

패턴 연습 ●

이물질 검사/조사하다: examine the foreign material

First, we will have a reliable inspection organization which you designate examine the foreign material in question. We will closely monitor the results.

첫째, 귀사가 지정하는 유수 검사 기관이 문제의 이물질을 검사하도록 하고 그 결과를 주시할 것임.

• in question: 문제의, 당해(當該)의　　　　　　the person in question: 당사자, 본인

제품의 품질 설명

당사의 모든 LED등은 정부 유관 기관에서 인증하는 신기술 및 신제품 인증을 득한 바, 품질에 대해 안심하서도 됩니다.

We would like to emphasize that all of our LED lightings obtained NET and NEP which are authorized by government-related authorities. And so you may rest assured of the quality of our LED lightings.

• NET(new excellent technology): 지식경제부의 신기술 인증
• NEP(new excellent product): 지식경제부의 신제품 인증

NEP 덕분으로 당사의 매출이 매 달 크게 증가하고 있다.

Thanks to NEP, our sales revenue has been going up tremendously every month.

패턴 연습 ●

~의 덕분에 ~하다, 때문에: thanks to ~

Our company enjoys an outstanding reputation worldwide thanks to its high quality, reliability, and good credit standing.
당사는 취급 제품의 높은 품질, 거래의 신뢰성, 높은 신용 덕분에 세계적으로 탁월한 명성을 향유하고 있음

• outstanding: 걸출한, 탁월한, 미결제의, 미해결의, 기 발행된
　outstanding debts: 미불 부채　　　　　　outstanding shares: 기(旣) 발행 주식

제품의 고객 설명

핸드폰 케이스용으로 당사의 폴리카보네이트를 사용하고 있는 핸드폰 업체가 대부분이다 .
그 사유는 품질이 좋고 가격 경쟁력이 있기 때문입니다.

Most of handset companies in the world have been using our PC for their
handset housing, thanks to quality and price.

Tip 고객이 제품 경쟁력 대변

제품에 대한 설명은 그 제품의 고객이 누구인지를 보여주면 가장 확실하다. S전자에 핸드폰 부품을
공급한다면, 일단은 세계 어느 업체에도 핸드폰 부품을 납품할 역량을 갖추고 있는 업체로 간주되는
것이다. 물론, S전자의 협력업체라고 S전자보다 못한 업체의 협력업체가 된다는 보장은 전혀 없다.
오히려 역효과가 생길 수도 있다. 왜냐하면, 오더를 주는 업체의 입장에서는 자기 오더를 가장 중시할
협력업체를 원한다. S전자의 협력업체라면 S전자의 오더가 우선일 것인 바, 자기 회사의 오더를 중시할
가능성이 적기 때문이다.

3 납기

상시 발주 수량

정상적인 경우 납기는 어떻게 되는지요?

What's your (normal) delivery?

우선 50만톤 석탄에 대해 PO 발급 후 30일 이내 납품하는 것으로 프레임 계약 체결하고 싶습니다.

We want to enter into the frame contract of 500K MT of coal first with the delivery of 30 days after our Purchasing Order.

• K = 1,000. 일부 업체의 경우 백만을 KK라고 표시하기도 한다.

| Point | Frame Contract |

연간 수량, 가격은 어떻게 결정 한다 등등 기본적인 사항을 계약하는 것으로 기본 계약(master purchasing agreement, basic agreement)으로 보면 된다. 주로 장기적인 거래 관계에 있는 업체들이 체결한다.

프레임 계약이 체결되면 일반적으로 매 분기별로 가격을 확정하고 거래하는 것이 일반적이다.

마감시한을 못 맞추면 벌금을 내야함.

If you miss the deadline, you'll have to pay a fine/penalty.

• miss the deadline 마감을 넘기다

갑작스러운 발주 시

만약 우리가 급하게 선적을 요구하면? 갑작스럽게 화급한 선적을 요구하면 얼마나 빨리 선적 가능한지요?

What if we ask for your urgent shipment? How soon can you ship our order when we are in an urgent need of your goods suddenly?

20피트 컨테이너 3대분까지는 주문 후 5일 이내 공급하겠습니다.

We will supply your sudden order within five days, up to three 20″ containers.

☞ 일반적으로 여기서 공급이라는 것은 선적이 아니라 공장에 물품을 준비 완료하는 것을 말한다. 선적은 선박회사의 사정에 따라 좌우되는 바, 제조업체에서 갑작스러운 오더에 대해 선적 일자를 확언하기는 어렵다. 따라서,

We will finish making your order by May 10.
We will make your oder ready for pick-up at our factory by May 10.
We will prepare your order by May 10. 등으로 표현하는 것이 clear하다.

4 결제 조건

거래조건 협의 확정

이제 결제조건을 협의하였으면 합니다. 우선, 회사 정책상 화물을 받기 전에는 대금 결제 불가합니다. 당사의 결제 조건은 화물 수취 후 60일 이내 전신환 송금 입니다.

Now we want to discuss terms of payment. First of all, our company policy says that we can't pay before we receive goods. Our terms of payment are 100% T/T remittance within 60 days after receipt of goods.

당사는 물품 대금을 받기 전에 선적 불가합니다. 서로 조금씩 양보하여 중간에서 만나는 것이 어떤지요? 발주 즉시 50% 전신환 송금, B/L 일자 30일 이내 50% 송금 결제를 제안 드립니다.

We are sorry that we can't supply your order before we receive payment. Judging from your company policy, how about meeting halfway?
I propose "50% T/T remittance upon placing an order and 50% within 30 days after B/L date."

☞ 거래 초기 단계라 서로 신뢰가 없을 경우, fair한 결제 조건이다.

Open Account(O/A)

당사는 협력업체들과 오픈 어카운트 거래를 하고 있으며 결제 조건은 선하증권 일자 기준으로 60일 이내 100% 전신환 송금이다.

We have been doing an open account transaction with vendors. Our terms of payment are 100% T/T remittance within 60 days from B/L date.

Point　Open Account(O/A) Transaction: 청산 계정 거래

무역 거래에서 상품은 계속 선적하고 물품 대금은 일정 기간에 한 번씩 누적된 것을 결제하는 방식이다.

한 마디로 구좌가 열려있다는 것이니 credit ceiling이 없는 것을 의미한다. 만약, 매주 선적되는 물품이고 결제조건이 B/L date후 60일이라면 2개월간의 선적 물량이 외상으로 되어, 이 금액이 기본적으로 깔리는 credit이 되는 것이다. 믿을 수 없는 업체가 아니면 거래하기 힘든 조건이다.

원칙적으로 귀사의 오픈 어카운트 거래 방식을 수락합니다.

We, in principle, accept your open account transaction.

하지만, 당사의 자금 여력 상, 선적분이 5천만 불이 넘어가면 물품 대금 결제 없이 감당하기 어렵습니다. 따라서, 당사의 선적분이 5천만 불이 초과되면 초과분은 즉시 대금 결제 하여 주시기 바랍니다.

But, as our financial status is not good enough for taking care of more than US$50 mil without receipt of payment, we propose to you that, if our shipment exceeds US$50 mil, you pay the exceeding amount right away.

☞ 고객의 결제 조건을 따르는 것을 원칙으로 하되, 공급업체의 자금 사정으로 **credit ceiling**(외상 한도)를 5천만 불로 제시한 것이다. 회사의 자금이 충분치 않으면 오더를 준다고 해도 받을 수 있는 금액에 한계가 있다. 위의 거래는 기본적으로 5천만 불이라는 금액이 60일 동안 상시 외상 매출금(**account receivable**)으로 깔려 있는 바, 여기에 따른 금융비용(**financing cost**)이나 기회비용(**opportunity cost**)을 고려하여야 한다.

5 협상 시 유용한 표현

당사에 대한 확약을 주시면 당사의 모든 역량을 동원, 타의 추종을 불허하고 신뢰할 수 있는 서비스를 대응력 있게 제공 드리겠습니다.

Once we receive your commitment to our company, we will marshall our corporate energy and resources to provide responsive, dependable, and unsurpassed service for your preeminent firm.

당사를 독점 대리점으로 선택하신 결정에 행복하도록 해드리겠습니다.

We will make you happy at your decision to select us as your exclusive agent.

당사를 사업 파트너로 선택하신 것에 후회하지 않도록 해드리겠습니다.

You shall not repent your decision to select us as your business partner.

당사의 마케팅 능력과 잠재 고객들과의 인간관계에 안심하십시오.

Please rest assured of our marketing ability and personal relationship with potential customers.

생각은 세계적으로 하고, 행동은 현지인처럼 하세요.

Think globally, but act locally.

로마는 하루아침에 이루어 지지 않았다. 로마에 가면 로마법을 따라라.

Rome was not built in a day. Do in Rome as the Romans do.

한국에서 사업 성공하려면 낮은 가격에 괜찮은 품질이 필요하지, 높은 가격의 높은 품질은 별로 도움이 되지 않는다.

The key to business success in Korea is 'OK quality, low price'. 'Excellent quality, high price' does not help at all in Korea.

바이어가 아니라 사업 파트너를 찾고 있습니다. 매도자가 아니라 사업 파트너를 찾고 있습니다.

We are looking for business partner, not buyer. We are looking for business partner, not seller.

속도는 사업 성공의 주요 요소 중의 하나이다.

Speed is one of key factors to business success.

한국인들은 성급하며 다혈질이다. 대응력과 신속한 행동이 한국에서의 사업을 결정짓는다.

Koreans are hasty and hot-tempered; responsiveness and prompt action decide business in Korea.

원가가 급등하여 고객들은 가격 경쟁력이 있는 뭔가를 찾기 시작했다. 당사가 그 가려움증을 긁어 줄 수 있는 적격업체이다.

The escalating costs have made customers look for something more competitive in price. We are the right company who can scratch their itches.

계 약

계약 조건 협의

– 계약기간, 영업 영역, 독점권, 영업 품목, 준거법, 자동 갱신, 해지

마침내 상호 합의에 도달하였음. 남은 일은 계약서 체결하는 것이다.

We have reached mutual consent finally. The remaining thing is to enter into the contract.

계약은 쌍방을 구속한다.

The contract is binding each party.

A와 B 사이에 2010년 5월 25일 체결된 이 계약서 ~

This agreement, made on the 25th day of May, 2010 by and between A and B, ~:
This agreement, dated May 25, 2010 between A and B ~;
This agreement, entered into effective as of May 25, 2010 by and between A and B ~;
This agreement, entered into on May 25, 2010 by and between A and B ~;

아래의 2가지 사항을 제외하고, 제시한 계약서의 모든 내용에 동의함.

With the two exceptions noted below, I am in full agreement with your proposed contract.

• I am in full agreement with ~; I fully agree with ~: ~에 모두 동의

첫 번째 패러그래프의 내용을 다음과 같이 변경하고, 두 번째 패러그래프의 6항은 삭제하기를 바람.

Substituting for the first paragraph, I would like the following, and I would like to remove point number 6 in the 2nd paragraph.

- substituting for the first paragraph: 첫 패러그래프의 내용을 대신

  substitute A for B: B 대신에 A를 사용하다

  We substitute margarine for butter. We use margarine as a substitute for butter.
  버터 대신 마가린을 쓰다

  There's no substitute for manger Kim.   김 과장을 대신할 사람은 없다.

5조 6항은 당사의 독점 대리점 역할에 근본적으로 상충되는 것임.

Point number 6 in Clause 5 is in fundamental contradiction to our role as exclusive agent.

- in fundamental contradiction to ~; fundamentally contradictory to ~:
  근본적으로 상충되는, 근본적으로 위배되는

귀사의 9항 경쟁 금지 조항 동의 및 준수가 가장 중요한 마케팅 요소임.

Your agreement with and adherence to point number 9, the non-competition clause, represents the most critical marketing parameter.

Point | Non-competition (동종 품목/업종 경쟁 금지, 동종 업종 취업 금지)

계약에서 자주 사용하는 말로써, 경쟁 관계에 있는 품목을 팔거나, 회사에 경쟁되는 일은 못한다는 것이다. 예를 들어 외국 회사에 독점권을 부여하였는데, 그 독점권을 받은 회사가 독점권 공여 업체와 경쟁 관계에 있는 물품을 같이 판매한다면 이는 독점권 공급 업체에 손실을 끼치게 되는 것 인 바, 이런 상황 방지를 위한 것임.

또한, 고용 계약서에도 자주 사용되는 표현인데, 고용인이 회사를 그만 둘 경우, 몇 년간은 그 회사에서 배운 지식을 갖고 그 회사에 이익에 위배되는 사업은 하지 못 한다는 의미로 사용된다. 즉, 동종 업종에서 경쟁하지 않는다는 것. 일반적으로 임원급 이상의 인사나 연구원들에게 만 적용되며, 각 나라마다, 경쟁 금지 기간이 상이함.

계약서 안에 몇 가지 조건을 추가하고 싶습니다.

We would like to add a few more conditions in your contract draft.

상기 2가지 조정 내용을 고려하여 주시면 감사. 저희가 제안 드린 사항은 논리적이며 우리 양사의 이해관계에도 부합되는 것으로 확신함.

I appreciate your consideration of our two modifications. I am sure you will find them to be logical and consistent with our mutual interests.

패턴 연습

시종 일관한: consistent
일관성, 언행일치, 모순이 없음: consistency, consistence

consistent는 비즈니스에서 상대방의 신뢰 구축에 아주 중요하다.
특히, 가격이나 품질 불량이 발생할 때는 consistent한 논리/말/행동이 매우 중요하다.

The consistent quality decides the long-term business with customers.
품질이 시종 일관해야 고객들과 장기적인 거래를 할 수 있다.

His words are consistent with his action.
그는 언행이 일치한다.

- a men of few/many words: 말이 적은/많은 사람
- a man of his word: 약속을 지키는 사람
- be as good as one's word: 약속을 이행하다, 언행이 일치하다

- at a/one word: 일언지하에

계약은 계약 만료 3개월 전까지 쌍방이 아무런 말이 없으면 2010년 6월 1일을 시작으로 일 년 단위로 자동 갱신된다.

The contract automatically renews as one-year term beginning June 1, 2010, unless otherwise notified by three months before the end of the contract.

- **renew**: 새롭게 하다, 되찾다, 갱신하다
  renew/refresh one's old friendship with ~: ~와의 우정을 새롭게 하다
  renew contract: 계약을 갱신하다

  renewal of contract: 계약 갱신

본 계약은 2010년 6월 1일 부터 3년간 유효하며 계약 만료일 90일 이전까지 계약 해지 서면 통보가 없으면 3년 단위로 자동 갱신된다.

This agreement shall be effective for a period of 3 years commencing from June 1, 2010 and shall be renewed automatically thereafter for further periods of 3 years, unless either party gives a notice of termination in written to the other party by ninety days prior to the expiry date of the agreement.

- written notice 서면 통지
- written approval/authorization/consent/confirmation/response
  서면   승인/   허락 /   동의/   확인/   회신

지난 금요일 주신 귀사 제품의 도면을 양사 간 체결 된 계약서에 명기된 목적이외에는 사용하지 않을 것임을 보증함.

We guarantee that we will not use the drawing of your product, which was given to us last Friday, for the purposes other than those stated in the contract made between you and us.

계약의 성립, 유효성, 구조 및 이행은 홍콩 법에 따른다.

The formation, validity, construction and performance of this Agreement are governed by the laws of Hong Kong.

☞ 한 마디로 준거법은 홍콩법이라는 것임.

본 계약의 준거법은 홍콩 법이다.

The governing law of this Agreement shall be the laws of Hong Kong.
- governing law: 준거법(계약의 근간이 되는 법)
☞ 각 국의 법은 약간씩 상이한 바, 같은 문장의 내용이라도 각 국가의 유권 해석이 다를 수 있다. 따라서, 반드시 계약서의 준거법이 어느 국가인지를 명기하여야 한다.

계약 변경이나 해지는 계약 만기 3개월 전에 이루어져야 한다.

Notice of revision or termination of the agreement should be made at least three months before the end of the agreement.

그 회사는 계약을 존중한다. 일단 계약서 서명하면 그 회사와의 거래는 안심해라.

The company honors its contract. Please rest assured of doing business with that company, once it signs the contract.

계약서 검토 및 동의 요청

귀사 계약서 안(案) 검토 결과를 다음 쪽에 상세히 기술하였습니다. 당사의 제안을 수락하여 주실 수 있기를 바랍니다.

The result of our reviewing your contract draft is detailed in the next page. We hope that your situation allows you to accept our counterproposal.

3가지 사항이외 모든 내용에 동의 드립니다. 그 사항들을 다음과 같이 변경하였으면 합니다. 그 변경 내용이 합리적인 바, 수락하여 주시기 바랍니다.

We agree to your contract draft except three points. Our proposed changes are detailed as below. I hope that you will accept them, as they are reasonable.

계약서 합의/서명

본 합의 사항을 입증하기 위해 양사의 대표가 계약서 2부에 서명하며 각자가 한 부씩 보관한다.

In witness whereof, duly authorized representatives of the parties sign the Agreement in duplicate and each party retains one signed original.

그의 생각이 나의 생각과 일치한다. 쌍방이 마침내 의견이 일치하여 계약서에 서명했다.

His idea coincided with mine. The two parties finally coincided in opinions, and signed the contract.

• coincide: 일치하다, (의견/취미/행동이) 맞다　　🅜 coincidence

좋아 알았다, 계약하자, 결정짓자, (거래 등에서)일이 성사된 것으로 치다.

Let's call it a deal. That's a deal.

☞ 가격 협상, 계약 조건 협의 등에서 최종적으로 동의하면서 잘 사용하는 말,

수정 계약서 송부 및 서명 요청

귀하가 2012/5/10일 동의한 바와 같이 대리점 계약서의 2가지 조항 수정하였습니다.

As you have assented in your message of May 10, 2012, we have modified two clauses in the Distributor Agreement between your preeminent company and ours.

보스가 서명한 계약서를 보내니, 서명하여 이번 주 내로 반송바랍니다.

I send the contract signed by my boss. Please sign the contract, and send it back to me by pdf file within this week.

패턴 연습

동의하다: agree, ascent

We agreed to your offer to supply your model SHK2 at US$2/PCS.
귀사 모델 SHK2를 개당 2불에 공급하겠다는 귀사의 offer에 동의합니다.

• PCS: pieces

계약 성사 도움 감사

귀하의 도움이 없었더라면 그 회사와 계약 불가하였습니다. 뭐라 감사드려야 될지 모르겠습니다.

I don't know how to thank you enough for your hands-on help without which we could not enter into the contract with the company.

귀하의 영향력 덕분에 계약 체결하였습니다.

Thanks to your influential power, we could make a contract with the company.

내달 한국에서 귀하와 귀하의 가족을 대환영할 수 있는 기회가 있기를 바랍니다.

I hope that I will be able to roll out the red carpet for you and your family in Korea next month.

구매의향서(LOI: letter of intent)

SHHS 무역회사는 2012년 중순부터 매월 1~2만 톤의 그라파이트를 장기 구매 희망함.

This expresses the interest and intention of SHHS Trading Corporation in Seoul, Korea in order to purchase ten to twenty thousand metric tons of graphite monthly on a long-term basis, beginning from the middle of 2012.

• **graphite:** 그라파이트(흑연) ☞ 스마트폰의 방열 재료로 많이 사용된다.

귀사의 현재 생산량과 우리의 구매 의향 충족/수용 가능성에 대한 정보를 받기 원합니다.

We want to receive the latest information on current capacity and the ability of your companies to accommodate our purchase intentions.

Point | Letter of Intent

구매의향서는 단지 이런 조건으로 이런 상품을 얼마나 사고 싶다는 의향을 통보하는 것이지, 어떤 확정된 order나 계약을 의미하는 것이 아니다. 구매 의향서는 법적인 구속력이 없다. 따라서 회사에서 구매 진의와는 상관없이 시장 상황 조사 차원에서 남발할 가능성도 배제 하지 못하는 바, 상황에 따라 구매의 향서에 대한 진의를 파악하는 것이 필요하다.

패턴 연습 ●

~의 수용력이 있다, ~할 능력이 있다, ~할 수 있다: accommodate ~

The new hotel, which our company built recently, is well accommodated.
우리 회사가 최근에 지은 새 호텔은 시설이 좋다.

Five persons will fly to Paris from Hong Kong next Mon. We need hotel accommodation for six persons including me. I will fly there directly from Seoul.

내주 월요일 홍콩에서 5명이 파리로 갈 것임. 나를 포함 6명의 숙박 시설이 필요함. 나는 서울에서 파리로 바로 갈 것임.

양해각서(MOU: memorandum of understanding)

가격, 영업 영역, 계약 기간 및 기타 중요 사항들의 주요 사안 대부분에 대해 합의함.

We agreed on the most critical issues of price, sales territory, period of contract and other important issues.

그 프로젝트를 조속 성사시키기 위해 MOU를 작성하기로 함.

And we agreed to make an MOU in order to be able to immediately consummate the projects.

• an MOU ☞ 부정관사는 철자가 아니라 발음이 a, e, i, o, u일 경우 사용한다,
　　　　　　an L/C(a letter of credit), an hour, an MP

MOU 첨부 드린 바, 면밀히 검토 후 최대한 빨리 의견 주시기 바람.

We enclose the Memorandum. Please thoughtfully and carefully check this Memorandum and give your opinions on the contents of the Memorandum at your earliest possible convenience.

상호간의 이익을 위해 가능한 빨리 MOU 서명 할 수 있기 바람.

I hope to complete the signature of this Memorandum as soon as possible for our mutual profits and benefits.

Point　| Memorandum of understanding |

구매 의향서와 마찬가지로 법적인 구속력이 없다. 하지만 양사간의 협의가 있고 긍정적인 방향으로 전개될 경우 체결되는 바, 계약으로 성사될 가능성이 클 수도 있고, 계약되지 않고 무산될 수도 있다. 따라서, 양해각서를 체결하였다고 계약이 체결된 것으로 오해해서는 안된다.

매도확약서(Offer)

2012/3/20일자 조회와 관련, 다음과 같이 오퍼 드립니다.

Regarding your inquiry of March 20, 2012, we are pleased to offer the below.

1. Item: Solar Glass

2. Size: 3.2T * 1000 *1000 mm

3. Specification: Low iron patterned, tempered

4. Unit price: FOB China US$7/SM

5. Quantity: 50,000 PCS

6. Amount: US$350,000

7. Shipment: within 3 weeks after receipt of the advance money

8. Terms of payment: 50% T/T in advance and 50% T/T within 7 days after B/L date

9. Validity: Until January 10, 2012

귀사의 발주 기대합니다.

I look forward to your order in the near future.

Point   Offer

공급자가 발행하는 것으로 어떤 품목을 얼마의 가격으로 어떤 결제조건으로 언제 공급할 수 있다는 확약서이다. Offer에는 유효 기일이 명기되는 바, 이 유효 기일이 지나면 offer 내용은 유효하지 않다. Offer는 발행자의 법적 책임이 있다.

귀사 요청으로 귀사가 관심을 가진 품목에 대한 구체적 정보를 담고 있는 매도확약서(offer sheet)를 동봉함.

As you requested, we enclose our offer sheet providing detailed information about your items of interest.

회신을 받자마자 태양광 유리 10만 SM에 대한 최상의 가격을 제출 드리겠습니다.

Upon receiving your reply, we will submit our very best offer for 100,000 SM of solar glass.

~하자마자, ~하는 즉시: upon 구(명사, ~ing); as soon as 절

Upon receipt of your reply, we will send you our preliminary marketing plans for your 3-D laser printers in Korea.
귀사 회신 받자마자 한국시장에서의 3-D 프린터 예비 마케팅 계획서 송부 예정 드릴 예정임.

As soon as it receives any new inquiry from potential customers, the company replied to them.
회사는 잠재 고객들에게 어떤 문의 사항을 받든 즉시 회신했다.

매수 확약서(Bid)

2012/3/20일자 귀사의 오퍼와 관련, 아래와 같이 당사의 비드를 드립니다.

Regarding your offer of March 20, 2012, we are pleased to issue our firm bid as below.

1. Item: Solar Glass
2. Size: 3.2T * 1,000* 1,000 mm
3. Specification: Low iron patterned, tempered
4. Unit price: FOB China US$6/SM
5. Quantity: 50,000 PCS
6. Amount: US$300,000
7. Shipment: By February 15, 2012
8. Terms of payment: 100% T/T within 7 days after B/L date
9. Validity: Until February 10, 2012

당사의 비드를 즉시 수락하여 주시기 바랍니다.

I look forward to your acceptance of our bid by return.

Point   Bid

Bid는 매수자가 발행하는 것으로 어떤 품목을 얼마의 가격으로 어떤 결제 조건으로 언제까지 공급받는 조건으로 구매하겠다는 확약서이다. Bid에는 유효 기일이 명기되는 바, 이 유효 기일이 지나면 Bid의 내용은 유효하지 않다.

공급 업체의 가격을 좀 더 인하시키고 싶거나(☞ 공급업체에 발주서를 주지 않으면서 가격 네고를 하는 것과 이 가격이면 구매하겠다는 의지를 확실한 표명한 다음 네고 하는 것은 공급업체의 입장에서는 큰 차이가 있다. 왜냐하면, 일단 Bid를 수취하면, Bid 가격 밑으로는 가격이 더 이상 내려가지 않을 것이고, 주문 확보 여부는 전적으로 공급업체의 결정이기 때문이다), 시장 상황이 seller's market일 경우 물품을 확실히 확보하기 위해, 공급업체의 가격 인하를 위해 발행한다.

Bid는 bid 발행자의 법적 책임이 있다. 즉, 공급자가 Bid의 유효 기일 내 공급 확약을 하면 bid 내용대로 구매하여야 한다.

구매승인서(PO: Purchase Order)

다음과 같이 발주 드립니다.

We are pleased to place an order as below.

• PO에 기재 되는 내용은 기본적으로 **Offer/Bid**와 같다고 보면 된다.

상기 오더를 수락하여 주시면 감사하겠습니다.

Your return confirmation of the above order would be appreciated.

Point   Purchase Order

PO는 매도자와 매수자간에 모든 사항이 합의되어 매수자가 발행하는 것으로 매도자의 생산/선적의 근거가 된다. 무역 거래에 있어 PO를 반드시 발행하여야 되는 것은 아니다. 그냥 Offer/Bid에 accept (offer/bid 내용 수락) 한다는 내용을 명기하여 그것을 근거로 생산/선적/통관/수취의 절차를 밟을 수도 있다.

계약해지 불구 타 분야 협력 희망

귀하가 말씀한 바와 같이, 계약이 해지되어도 우리 양사가 수년간 공유한 관계와 우정이 훼손되어서는 안 됨.

As you have mentioned in your message, I hope that the termination of the agreement will not affect the close business relationship and personal friendship that your company and ours have shared over the years.

사실 이번 기회를 계기로 우리 양사가 신규 사업 분야를 개척하여 상호 관심이 있는 기회를 더 많이 발굴하기를 기대함.

In fact, I hope this chance will enable both of our companies to explore new areas of business and to discover more opportunities of mutual interest.

패턴 연습

영향을 주다, 악영향을 미치다, 침범하다, 감명을 주다
~인 체하다, ~을 가장하다, ~인 양 꾸미다: affect

This will affect business. 이것은 장사에 영향이 있다.

He affected to be tired/weary. 그는 피곤한 체 했다.

패턴 연습

A에게 ~할 수 있게 하다: enable A to 동사 원형
A가 ~를 못하게 하다: disable A from ~ing

The price cut of all the vendors enabled the company to receive orders from two service providers in USA.
모든 협력 업체들이 납품가 인하해준 덕분에 그 회사는 미국의 통신사업자 2곳으로부터 주문을 받았다.

The drastic price hike of all the vendors disabled the company from securing the orders from customers.
모든 협력업체들의 급격한 납품가 인상으로 그 회사는 고객들로부터 주문을 받지 못했다.

연락 창구 일원화 요청

상호와 역할에 대한 혼선을 정리해드리고자 함.

I want to clear up the apparent confusion concerning our name and function.

더 이상의 혼선이 없도록 향후 연락은 모두 당사로 하여 주시기 바람.

We hope that you could address all future correspondence to us in order to avoid further confusion.

단일 창구를 통해 연락되어야 거래가 효율적이고 부드럽게 진행됨.

For efficient and smooth business, the channel of communication should be single.

패턴 연습

사안을 확실히 해결/정리하다, 풀다, 해결하다, 고치다, 낫게 하다, 날씨가 개다, 정돈하다:
clear up

We think it necessary to clear up some details that may hinder any future deals.
향후 거래에 장애가 될 수도 있는 사안들의 확실한 정리가 필요하다고 생각한다.

You should clear up your customer's misunderstanding of quality issue.
고객의 품질 사안에 대한 오해를 풀어주어야 한다.

물품 대금 결제

결제조건

일반적인 결제 조건이 뭔지요?

What are your normal terms of payment?

T/T 거래보다는 L/C 거래 선호함.

We prefer an L/C transaction to T/T remittance.

• **T/T**: telegraphic transfer(전신환)

D/P, D/A 같은 다른 결제 조건은 어떤지요?

What about other terms of payment such as D/P and D/A?

Point   D/P vs. D/A

D/P(Documents against Payment: 지급도조건)는 어음대금 지급(payment)을 하면 선적서류를 준다는 뜻이다. 즉, 이 D/P조건은 화환어음을 받은 수입지의 은행이 어음의 지급인인 수입자에게 어음을 제시한 후, 수입자가 어음대금을 지급하면 화물인수에 필요한 선적 서류를 인도하는 방법이다. 이에 대해 어음대금을 지급하지 않고 어음을 인수(acceptance)하는 것만으로 선적서류를 인도하는 방법을 D/A(Documents against Acceptance; 인수도 조건)라고 한다.

우리의 결제 조건은 계약 즉시 선불 30% 전신환 송금, 선적 3전일까지 중도금 30%, B/L 일자 30일 이내 잔금 30%임.

Our terms of payment are 30% T/T remittance in advance upon contract, 30% by 3 days before on-board, and 40% within 30 days after B/L date.

☞ 누진불(progressive payment), 분할 지불(instalment payment): 선박, 기계 및 설비류 등의 수출입에 주로 이용되는 대금결제방법이다.

전신환

귀사가 당사의 협력 업체가 되기 위해서는 당사의 결제 조건 'B/L 일자 후 60일 이내 100% 전신환 송금' 을 수락하여야 합니다.

In order for your company to become our vendor, you are required to accept our terms of payment, which are 100% T/T remittance within 60 days after B/L date.

이 결제 조건은 모든 협력업체에게 동일한 회사 방침입니다.

The terms of payment apply to all the vendors, which is our company policy.

기계 문의와 관련, 당사의 결제 조건은 선불금 수취 후 60일 이내 납기 조건으로 다음과 같은 전신환 조건이다. 발주와 동시에 30% 선불, B/L 일자 전 5일 이내 40% 송금, B/L 일자 후 60일 이내 30% 송금입니다.

Regarding your inquiry of our machine, our proposed terms of payment is as below by T/T remittance with the delivery of 60 days after receipt of the advance money.

• 30% advance money upon placing an order
• 40% by 5 days before B/L date
• 30% within 60 days after B/L date

☞ 범용성이 있는 기계가 아닌 경우, 주문 제작되는 것이 일반적이며, 이로 인해, 기계 거래는 일반적으로 선불/중도금/잔금의 형태로 대금결제 된다.

수취 은행 통보

우리가 송금 드려야 할 귀사의 은행 구좌 상세 내역 통보주세요. 구좌 이름, 구좌 번호, 은행 이름, 스위프트 코드(은행인식코드)가 필요함.

Please inform us of the details of your bank account for our remittance. Details required are account name, account number, bank name, and swift code.

Swift Code(은행인식 코드)

은행인식코드(Bank Identifier Code)로 은행의 우편번호를 말한다. 자동화 처리를 목적으로 금융기관을 코드화하여 SWIFT라는 표준화기구에서 금융 기관 앞에 부여한 고유 번호이다. 즉 해외 송금을 위해서는 외국의 지급 은행명을 알아야 하는데 그 지급은행을 코드화 시킨 것이 BIC이다. 우편 번호라고 생각하면 된다. 편지 보낼 때 우편번호를 적으면 빨리 전달되듯이, 송금할 때는 swift code를 적으면 빠르다.

송금 통보

금일 US$15,000을 귀사 구좌로 송금하였음을 통보 드립니다. 전신환 참조 번호는 20121203SH 임. 당사 은행에 따르면 내일 귀사 구좌에 입금될 것이라고 함. 수취 확인주세요.

I am pleased to inform you that we have remitted US$15,000 to your bank account today. Our T/T reference No., is 20121203SH. Our bank says that our remittance will reach your account tomorrow. Please confirm your receipt as soon as our remittance reaches your account. Thank you.

Telegraphic Transfer(T/T): 전신환

T/T buying (전신환 매입율)   T/T selling (전신환 매도율)

매입/매도는 은행 입장에서 사고/파는 것을 의미 하는 바, 고객 입장과는 반대되는 개념이다. 즉, 은행에서 TT buying rate는 은행이 사는 rate, 즉, 환전 고객이 파는 rate 이다.

매입율과 매도율의 차이를 스프레드(spread) 라고 한다. 매입율 US$1=₩1,000, 매도율 US$1=₩1,050 이라고 하면 spread가 50인 것이다.

내일까지 은행에 어음 금액에 해당하는 현금을 예치하지 않으면 어음이 부도난다. 금일 중으로 10만 불 송금해주세요.

The draft becomes dishonored if you don't deposit cash for the draft at the bank within today. Please remit US$100,000 within today.

☞ 이 상황은 회사의 현금이 여유가 없어 결제대금을 내일까지 지불하지 않으면 문제가 발생된다는 것을 통보한 것임.

• '어음/수표가 부도나다.' 라는 말은 구어체에서는 **The bill/check returned.** 라는 표현을 많이 사용한다.

부도 어음 a dishonored bill/draft   약속 어음 a promissory note

결제 통화 변경 가능 문의

일본 엔화 대신 미국 달러로 결제해도 되는지요?

Could you allow us to pay for your shipment by US$, instead of Japanese Yen?

결제 통화를 유로에서 미국 달러로 변경해도 되는지요?

Is it possible for us to change the payment currency from Euro to US$?

☞ 수입업자의 입장에서는 환율에 따라 지불하여야 되는 원화 금액이 상이하다. 따라서, 어느 특정 국가와의 원화 환율이 급격히 큰 변화가 있을 경우, 거래처와 지급 통화의 변경을 협의할 만하다. 수출업자의 입장에서는 수출대금을 자국 통화로 결국 변경할 것인 바, 수입업자가 어떤 통화로 결제하든 큰 차이가 없을 것이다.

L/C 거래, 환어음 및 네고

신규 거래처와의 거래는 L/C거래를 선호합니다. 수개월간 거래 후 상호간의 신뢰가 쌓이면 L/C 거래를 T/T 거래로 변경하고 싶습니다.

We prefer to open an L/C when we start business with the new business partner. Once both of us can trust each other after doing business for several months, then we want to change our L/C transaction to T/T remittance.

귀사와 당사가 L/C 조건이 제대로 되어 있는지 상호 검토할 수 있도록 개설은행에 L/C 신청서 제출 전에 신청서 사본을 보내주세요.

Please send a copy of your L/C application to us before you submit it to your opening bank so that both you and we can cross-check whether the terms and conditions of L/C are correct.

☞ L/C 거래에서 이 사항은 아주 중요하다. L/C 거래는 서류 거래인 바, 일단 L/C가 개설된 후, 수정하려면 쓸데없이 번거롭고 비용이 발생이 된다. 따라서, L/C 개설 신청서를 사전에 서로 cross-check 하여 L/C를 수정하는 일이 없는 것이 매도자/매수자 모두에게 편리하다.

패턴 연습

L/C를 개설하다; open/issue an L/C, open/issue a letter of credit

open/issue an L/C in favor of ~: ~를 수익자로 하여 L/C 개설하다
opening/issuing bank: 개설은행
settlement(reimbursement) bank: 결제은행
confirming bank: 확인은행   advising bank: 통지은행

We need your offer sheet to open an L/C in favor of your company.
귀사를 수혜자로 L/C 개설하기 위해 귀사의 오퍼 필요함.

조건부 결제 통보

만약 선적된 물품에 품질 문제가 있다면 물품 대금 결제 불가하다.
If there is any quality problem with your shipment, we can't pay for the goods.

우리 품질 검사에서 귀사의 품질이 양품으로 판정된 후, 지난 번 선적 물량에 대해 결제할 것이다.
We will remit our money for your previous shipment only after your quality proves OK at our QC test.

화물이 2010년 3월 20일까지 도착된다면 물품 대금이 결제될 것이다.

The payment will be executed, subject to arrival of the cargo not later than March 20, 2010.

☞ 납기를 어기면 대금 결제 안하겠다는 것임.

이제부터 당사의 결제는 귀사의 품질과 납기에 달려 있다.

Our payment is subject to your quality and delivery from now on.

패턴 연습

~을 조건으로, ~에 달려있다: subject to ~

Subject to successful negotiations and delineation of a final contract, we will proceed enhanced trade between your company and ours.
성공적인 협상과 최종 계약 조건에 따라 우리의 양사간 무역 거래는 한 차원 높아진 형태로 진행될 것임.

Our business success here in Korea is subject to your quality and delivery.
여기 한국에서의 사업 성공은 귀사의 품질과 납기에 달려있다.

| Tip | subject to ~ : ~에 달려 있다, ~에 의해 결정 된다 |

무역 서신에서 자주 사용되며, 계약서에도 자주 사용된다. 일반적으로 앞 문장이 있고, 뒤에 subject to~라고 나오는데, subject to 이하의 내용에 따라 앞의 문장의 내용이 결정되는 것인 바, subject to 이하의 내용에 신경을 써야 한다. 예를 들어,

Our company is pleased to place an order with your prestigious company for 200 tons of PC for mobile phone housing, subject to the order quantity of service provider.
당사는 귀사에 핸드폰 케이스용 PC 200톤을 발주해서 기쁨. 이 발주는 통신 업체의 핸드폰 발주 수량에 의해 최종 결정된다. 즉, 법적으로 얘기하면, 통신 업체의 발주가 없다면 200 ton의 발주는 자동 취소되는 것으로 된다. 즉, 조건부 발주인 것이다. 하지만, 납품 업자의 입장에서는 이 조건부의 PO를 받는 것과 못 받는 것은 큰 차이가 있는 바, 이런 PO라도 받아 두는 것이 훨씬 좋다.

• not later than ~; by ~ : ~까지 (~가 포함)
• no later than ~; sooner than ~: ~보다 일찍(~가 포함 않됨)

지불 일자 연장 요청 및 회신

귀사의 사정이 당사의 귀사 인보이스 SH20130416에 대한 대금 결제를 일주일 지연하는 것을 허락해줄 수 있는지 알고 싶습니다.

I wish to know whether your situation allows us to delay our payment for your invoice(No: SH20130416) by one week.

현재 현금 흐름에 약간의 문제가 있습니다.

We have some cash flow problem here at the moment.

우리의 요청을 받아들일 수 있는지 없는지 통보 주십시오. 도와주셔서 감사합니다.

Please let me know whether or not you can accept our request. Thank you for your help.

과다 송금 해결

귀사의 인보이스 금액이 잘못 되어, 당사가 어제 송금한 US$12,700이 잘못된 것을 발견했습니다.

Today I have found that our yesterday remittance of US$12,700 was wrong, as your invoicing amount was wrong.

귀사에서 당사 오더를 선적 시 당초의 인보이스가 잘못 되었습니다.

When you shipped our order, your original invoice amount was wrong.

귀하와 제가 인보이스 금액이 US$12,400이 되어야 된다는 것에 동의하고, 귀하가 저에게 수정 인보이스(No: SH1212)를 보내준 적이 있습니다.

You and I agreed that the invoice amount should be US$12,400, and you sent the revised invoice (No: SH1212) later for our remittance.

당사 자금부에서 실수로 귀사의 당초 인보이스에 의거 US$12,700을 송금하였습니다.

But our Finance Department remitted US$12.700 by mistake, based upon your original invoice.

차액 US$300은 다음 송금에서 상계하고자 합니다.

We want to offset the balance(US$300) by our next remittance.

• **offset:** 상계/상쇄하다, 차감 계산을 하다

☞ 장기적인 거래에서는 실제로 발생되는 일인 바, 가격/수량 등등의 변경이 있을 때 마다, 결제 금액을 상대방과 사전 확인하여야 한다.

Tip | **Invoice 금액 vs. 관세 과다 납부**

청구된 인보이스가 실제 물품대금보다 금액 차이가 큰 경우, 통관 시 관세 과다 납부 문제가 발생 되며, 일단 관세가 과다 납부되면 관세청으로부터 상환받기 어렵다. 즉, 관세가 8%이고 물품대금이 US$10,000 이나 인보이싱이 US$20,000 으로 되어, 이 인보이스로 통관되었다면 인보이스 차액 US$10,000에 대한 8%인 US$800을 더 납부하게 되는 것이다. 관세청의 관세 산정은 CIF 가격으로 추산한 다음 관세 납부한다. 즉, 인보이스 금액이 FOB로 되어 있으면 관세청에서 일단 CIF 가격으로 변환 후 과세하는 것인 바, 상기 가격이 FOB 가격이라면 실제로 부담하여야 되는 과다 관세는 US$ 800이 넘는 것이다.

이러한 일이 발생되면 추후 공급업자와 정산의 문제가 발생되는 바, 쓸데없이 귀찮을 일만 생기는 것 이다. 따라서, 선적 전에 인보이스를 받아, 인보이스가 제대로 작성되었는지 사전 확인 하는 것이 주요 하다. 담당자가 변경되거나, 가격이 변경되거나, 클레임에 따른 인보이스 금액 조정(☞ 장기적인 거래 관계에서 품질 문제에 대한 보상은 주로 차기 오더 선적 시 인보이스 금액 조정으로 정산할 수 있다.) 이 있거나 했을 경우, 인보이스 금액이 잘 못 기재되는 경우가 있는 바, 유의하여야 한다.

지불 독촉

US$520,000(당사 인보이스 20121212SHA) 지급 기일이 7일 지났습니다.

Please allow me to draw your attention to the fact that the payment of US$520,000(our invoice 20121212SHA) is overdue by 7 days.

• **overdue:** 연체된, 연착한, 지급 기한이 지난

The plane from New York is already several hours overdue.
뉴욕에서 오는 비행기는 이미 몇 시간 연착 되어있다.

언제 송금하실 계획인지 통보주시면 감사하겠습니다.

I would appreciate it if you could inform me when you are planning to remit the money.

지불 재 독촉

제가 회사 내부적으로 곤란한 사정에 처해있어 어쩔 수 없이 다시 연락드립니다. 송금 일자가 이미 30일이나 지났습니다.

My awkward position at the company inevitably makes me remind you that the payment of US$520,000(invoice No. 20121212SHA) is overdue already by 30 days.

금주 중으로 송금시켜 주시면 감사하겠습니다. 바로 연락 주시기 바랍니다.

I would very much appreciate it if could remit the money within this week. I look forward to hearing from you by return.

미지급에 대한 최후통첩

내주 말까지 대금 결제하지 않으면 법적인 절차를 밟겠습니다.

We will take legal procedures, if you don't pay for our goods by the end of next week.

지급 기일이 60일이나 지난 US$520,000 지불에 대한 마지막 독촉장입니다.

This is our final reminder to ask for your payment of US$520,000(our invoice 20121212SHA) which is overdue by 60 days already.

• reminder: 독촉장

법에 호소하기 전에 마지막으로 말씀드립니다.

This is our final notice before we resort to the law.

• final notice; ultimatum: 최후의 통첩

금주 중으로 지불하지 않을 경우, 당사 변호사가 법적인 조처에 들어 갈 것이며 원금과 이자를 같이 청구할 것임을 통보 드립니다.

Unless you pay US$520,000 within this week, our lawyer will take necessary legal procedures and will charge you principal plus interest for unpaid period.

• six persons plus Tom: 6명 + Tom, 총 7명
  six persons including Tom: Tom 포함 총 6명

지불 독촉에 대한 회신

무엇보다도 지불이 지연되어 너무 죄송합니다.
First of all, we are so sorry that our payment is being delayed.

내주 중 틀림없이 송금 드리겠습니다. 감사합니다.
We will surely remit the money next week. Thank you for your patience.

당사의 지불 지연으로 큰 불편이 없기를 바랍니다.
I hope that our delayed payment does not cause you too much inconvenience.

최후통첩에 대한 회신

지불 지연 건 정말 죄송합니다.
I am terribly sorry that our delayed payment causes you much inconvenience.

자금부에 송금이 언제 가능한지 문의결과, 현금흐름이 좋지 않아 내주 중으로는 송금이 불가하고, 그 다음 주에는 확실히 송금할 수 있다고 합니다.
I have checked our Finance Department when the money is to be remitted to you. Unfortunately, however, the unsmooth cash flow of our company does not allow the remittance of next week. The Department says that it can surely remit the money the following week.

따라서, 한 주만 더 기다려 주시면 대단히 감사하겠습니다.
I, therefore, would very much appreciate it if you could wait another week.

불행히도, ~한 것은 불행한 일이다: unfortunately; it's unfortunate that ~;
to our misfortune ↔ 다행이다, 한 것은 다행한 일이다:
fortunately, to our fortune, it's fortunate that

Unfortunately the company could not ship the goods on time because of unexpected labor dispute.
예기치 못한 노사분규로 적기에 선적치 못했다.

It's unfortunate that the company could not ship the goods on time because of unexpected typhoon.
예상치 못한 태풍으로 적기에 선적치 못했다.

To its misfortune, the company could not ship the goods on time because of unexpected heavy rain.
예상치 못한 폭우로 적기에 선적치 못했다.

Chapter
13

발주

구매 의향 통보

당사의 현 공급원의 품질이 불안정하여 공급선 변경하고자 합니다.

We would like to change our supplying source, as its quality is not stable.

귀사의 생산 능력은 어떠한지요?

How about the situation of your production capacity?

현재 당사는 태양광 패널 생산 라인 한 개를 운영 중이며, 태양광 유리 협력업체는 한 곳입니다.

We run one production line of PV module with one solar glass vendor.

내년에 생산 라인 한 개를 더 증설하고자 하며, 이에 협력업체도 한 곳 더 추가할 예정입니다.

Next year, we plan to add one more production line. Regarding this, we would like to add one more vendor.

내주까지 발주 여부를 결정할 것이다.

By next week, our company will decide on placing orders.

패턴 연습

~의 여부를 결정하다: decide on ~ing
~하기로 결정하다: decide to 동사 원형

The company has decided to place orders with the foreign supplier.
외국 업체에 발주키로 결정함.

Never reverse the decision later, once you decide to invest in that project.
프로젝트에 투자하기로 결정하면 결정을 번복하지 마라.

• reverse: 거꾸로 하다, 뒤집다, 뒤엎다. 번복하다, 취소하다, 파기하다.
  Their positions are now reversed. 그들의 입장이 이제는 바뀌었다.

승인용 견본 요청

양산 승인용 견본 10개를 내주 화요일까지 송부하세요.
Please send us ten PCS of sample for our MP approval by next Tuesday.

• MP(mass production): 양산
  PP(pilot production): 파일럿 생산, 시험 생산

오퍼 요청

고철 공급 가능하면 이번 달에 선적 가능한 수량에 대한 정식 오퍼주시기 바랍니다.
If you can supply steel scrap, please send us your firm offer for any quantity that you can ship within this month.

태양광 유리 30만 SM 오퍼 요청드립니다. 아시아 시장 상황 상 너무 큰 요구를 드리는 것일지도 모르지만, 당사에 일부 물량 할당하여 주시기 바랍니다.
If at all possible, our company would like your offer for 300,000 SM of solar glass. This may be much to ask for, given the current Asian market situation, but I hope that your situation allows you to allocate some quantity to us.

• much to ask for: 너무 많은/큰 요구

비드 발행

만약 그 태양광 유리 회사와 거래를 희망한다면 즉시 비드를 발행하라.

If you really have any intention to do business with the solar glass company, please issue a firm bid for any quantity immediately.

이번이 벌써 세 번째 가격 인하 요청입니다. 가격이 얼마든 비드를 주시면 감사하겠습니다.

This is your 3rd request for price cut. We would appreciate your bid whatever price it shows.

☞ 오더는 주지도 않으면서 계속 가격 달라고 한다. 이는 오더 줄 생각은 없고 가격을 받아, 현재의 **vendor** 가격을 인하하거나 정당화 하려는 내부 근거 자료로 활용할 가능성을 배제 못한다. 물론, 시장 동향 파악 차, 오더는 못주지만 가격 요청할 수도 있다.

Tip Bid 발행의 필요성

시장이 매수자 시장이라면 공급이 수요보다 많은 상황이다. 이럴 경우 매수자가 가격만 맞춰지면 얼만큼 매수하겠다고 확약을 하는 것과 확약 없이 가격만 계속 문의하는 것은 매도자의 입장에서는 큰 차이가 있다. 즉, 공급업체의 입장에서는 일단 비드를 받으면 공급하고 안하고는 전적으로 공급업체에 달려 있는 것이나, 비드를 못 받은 상황은 가격을 낮춘다고 주문을 받는 것을 보장 받는 것이 아니기 때문이다. 따라서, 진짜 그 업체로부터 구매할 의사가 있다면 아주 낮은 가격의 bid를 던져 보는 것이 주효하다.

패턴 연습

~하지 않을 수 없다: can't help ~ing; can't help but 동사 원형

The market is collapsing down. We can't help coming down our price drastically.
시장이 붕괴되기 시작했다. 급격히 가격 인하를 하지 않을 수 없다.

The company has no cash to pay salary by. It can't help but borrow money from bank to pay salary on payday.
회사에 월급 줄 현금이 없다. 월급날 월급을 주기 위해서는 은행 차입이 불가피하다.

제품 발주

내달 납기, 부산 도착도 가격으로 톤 당 삼천불에 100톤의 고철을 발주 드립니다.

We would like to place an order for 100 MT of steel scrap with the delivery of next month at the price of US$3,000/MT CIF Busan, Korea,

핸드폰 사업부는 당사의 핵심 사업부이다. 연간 발주 물량이 10억불이 넘는다.

Our cellular phone division is the flagship of our company. Its annual purchasing amount of touch screen is more than US$1 bil.

패턴 연습

핵심이다. 주축이다: be the flagship of ～

On May 20, 2010, just six months ago, Nena Trading Corporation, the flagship of Nena Trading Group, made a purchasing agreement with the company to import 300,000 SM of solar glass.

6개월 전 2010년 5월 20일 네나무역 그룹의 핵심 회사인 네나무역이 그 회사와 태양광 유리 30만 SM 구매 계약을 체결하였다.

패턴 연습

발주하다: place an order for 품목 with 공급 회사

If your products are able to meet our required specifications at a reasonable price, we would like to place an order for one 20″ container with your preeminent firm very soon.

당사가 원하는 사양에 부합되고 합리적인 가격으로 공급할 수 있다면 귀사에 20피트 컨테이너 한 대 분 오더 즉시 발주하고 싶음.

The company placed an order for 100,000 PCS of gasket with us.

그 회사는 우리에게 개스킷 10만개를 발주했다.

그 회사가 곧 주문할 것으로 기대함.

We anticipate that the company will release the order soon.

We anticipate the company's releasing the order soon.
We anticipate the company's order soon.

시험 삼아 천 SM의 태양광 유리를 발주했다. 이 천 SM 테스트 결과가 좋으면 매달 3만 SM 유리를 발주할 예정이다.

The company placed an order for 1,000 SM of solar glass as a trial. In case that the test result of 1,000 SM proves OK, it will place orders for 30,000 SM every month.

• as a trial; by way of trial: 시험 삼아

대량 구매할 경우 3% 깎아줄 수 있다.

We can offer you 3% discount on bulk purchase.

• bulk purchase 대량 구매

The company did not commit itself to place an order within two months.
그 회사는 2달 이내 발주한다고 확약하지는 않았다.

확약하다, 맹세하다: commit oneself to + 동사 원형

Do not commit yourself.
언질을 주지 마라.

Without committing myself at the moment, I promise that I will do try to give you an order for five 20″ container next month.
현재로서는 분명히 약속/언명할 수는 없으나, 다음 달 20피트 컨테이너 5대분의 오더를 발주하기 위해 노력할 것임을 약속드립니다.

발주 지연

설비 구매를 연기하게 되어 유감임.

I regret to inform you that our order for your equipment should be postponed.

전 세계 IC 시장 상황이 암울한 바, 지금은 투자 적기가 아님.

Because of depressed conditions in the worldwide IC market, we do not feel this is an opportune moment for capital investment.

패턴 연습

지연하다: postpone, defer, delay, put off, procrastinate, adjourn

The typhoon is expected to come to Korea tomorrow. You had better delay your departure.
내일 태풍이 온다고 하니 출발을 연기하는 쪽이 좋다.

The shipment was delayed by heavy snow.
폭설로 인해 선적이 지연되었다.

패턴 연습

사과하다: apologize for; make an apology for

We apologize for our late replies to your message.
메시지 회신 지연 죄송함.

We would like to offer/give/convey/render our deep apology for the delay in the shipment of your ordered goods.
주문하신 물품의 선적 지연에 대해 깊은 사과를 드립니다.

We apologize for the inconvenience you have suffered from the claimed touch screen.
클레임 받은 터치스크린으로 인해 귀사가 겪은 불편에 대해 사과의 말씀을 드림.

A가 B를 ~못 하게 하다, 저지하다, 방해하다

- prevent/prohibit/hinder/keep/deter/disable   A from ~ing B

But, this drastic freight hike hinders us from doing the business, and will force us to transfer our business to other countries competitive with the United States.

이번 급격한 운임 인상은 미국 업체와의 거래를 방해하며 다른 국가들로부터의 수입을 종용하고 있음.

She tried to deter him from smoking and drinking.

그녀는 그가 흡연과 음주를 하지 못하도록 노력했다.

생 산

Chapter 14

생산 능력, 생산량

태양광 유리의 월 생산 능력이 어떻게 되는지요?

What's your monthly production capacity of solar glass?

☞ 공장을 완전 가동할 경우의 수량

매월 몇 S/M의 태양광 유리를 만드시는지요? 월 생산량이 얼마?

How many S/M of solar glass can you make monthly?

☞ 현재 실제 생산중인 수량

하루 몇 톤의 철을 만드는지요?

How many tons of steel do you produce daily?

Point | 생산 능력 vs. 생산량

생산 능력(production capacity)은 공장을 완전 가동할 경우의 생산량(production quantity)을 의미한다. 생산량은 실제 생산하는 수량을 말한다. 이 두 가지의 경우 모두, 생산품의 얼마가 양품인지 불량품인지를 나타내지 않고 있다.

귀사를 위해 당사가 할 수 있는 일은 조속히 생산 라인을 하나 더 증설하여 생산 수량을 늘려 주는 것이다.

All that we can do for your preeminent firm is to increase production quantity by adding one more production line shortly.

패턴 연습 ●··

A가 할 수 있는 것은 ~이 전부다/유일하다:

All that A can do is ~; The only thing that A can do is ~;

The only thing that I can do is to try to produce your order next Sunday, but I am not sure whether this is possible or not, as the workers don't work on Sunday.

지금 제가 할 수 있는 유일한 일은 귀사의 오더를 다음 일요일에 생산토록 노력해보는 것이나 공장 직공들이 일요일은 일하지 않아, 될지 안 될지 모르겠음.

···

항상 공급과잉에 대비하여야 한다.

The company should always prepare against the oversupply.

패턴 연습 ●··

현재 생산량은 ~이다.　The present production quantity is ~

현재 생산 능력은 ~이다. The present production capacity is ~

The present production quantity of LTE phone is 50,000 sets/day.

현재 일(日) LTE 핸드폰 생산 수량은 50,000 대이다.

The present capacity of our company's PV module electricity generation system is 1 GW.

현재 우리 회사의 태양광 발전 시스템 생산량은 1 GW 임.

Point | 공장 가동률 vs. 생산 수율

생산능력(production capacity)에서 생산량(production quantity)의 비율이 공장 가동률 (operation/running ratio)이다.

• 공장 가동률 = 생산량/생산 능력 x 100

또한 생산한다고 해서 모두 양품일 수는 없다. 제품을 만들다 보면 양품도 있고 불량품도 발생한다. 생산량에서 양품이 나오는 비율이 생산 수율(yield rate)이다.

• 생산 수율 = 양품 수량/생산 수량 x 100

공장 가동률

현재 태양광 유리 공장의 가동률이 얼마인지요?

What's your present operation ratio of your solar glass factory?

☞ 공장 가동률(operation ratio)은 공장 설비를 얼마나 돌리고 있는지를 보여준다, 예를 들어 최대로 가동하면 하루에 100개의 제품을 만들 수 있다는 공장이 하루에 80개만 생산하고 있다면 가동률은 80%이다. 설비 투자를 해놓고 그 설비를 가동치 못하고 있는 것이다.

패턴 연습

~에 돌리다, ~의 탓으로 하다, ~의 행위/소치/업적으로 하다: attribute A to B:

The president of the company attributed more than 95% operation ratio of the factory to the able sales manager.
그 회사의 사장은 공장 가동률이 95%가 넘는 것을 그 능력 있는 영업 과장의 업적으로 치하함.

생산 수율

6/7/8월 각각의 수율이 얼마인지요?

What's your yield rate of June, July, and August respectively?

6/7월의 수율은 95%이고, 8월은 90% 밖에 되지 않는다. 상대적으로 낮은 8월의 수율은 공장 직공들의 여름휴가에 기인한다.

Our yield rate of June and July is 95%, while that of August is only 90%. The relatively low yield rate of August is caused by the summer vacation of factory workers.

장기 거래 관계에서 yield rate를 올리는 것은 매도자와 매수자간의 공동 관심사이다.

Elevation of yield rate is the key issue of common interests between buyer and seller in the long-term business relationship.

불량률 vs. 생산 수율

수율(yield rate)이란 생산관리 투입량 대비 양품 비율을 의미한다. 예를 들어, 100개를 생산하고 불량이 5개라면 양품이 95개인 바, 수율은 95%가 되며, 불량률은 5%가 된다. 즉, 불량률이 낮다는 것은 생산 수율이 높다는 것을 의미한다. 각 업체의 품질 수준은 수율만 파악해도 어느 정도의 감이 잡힌다.

• 불량률 = 100 − 생산 수율

그 회사는 2000년 설립 이래 엄격한 품질 관리 주의를 일관했다.

The company has been steadfast to its strict quality control since its establishment in 2000.

그 회사는 불량률이 왜 그렇게 높은지를 찾기 위해 애쓰고 있다. 불량을 낮출 수 있는 실현 가능한 해결책 모색이 화급하다.

The company is striving to find out what causes the defective ratio so high. Exploring practical/feasible solutions to come down the high defective ratio is pressing.

패턴 연습

실질적인 해결책을 찾다: explore practical/feasible solutions;
                          seek for practical/feasible solutions

You are required to seek for the feasible solutions to come down the high defective ratio.
높은 불량률을 낮출 수 있는 실현 가능한 해결책을 찾아야 한다.

패턴 연습

cost-down: 원가절감

The president of the company accentuated/stressed/emphasized
the increasingly worsening world economy to the employees, asking for their voluntary cost-down.

그 회사의 사장은 점점 더 악화되고 있는 세계 경제에 대해 직원들에게 강조하고 그들의 자발적인 원가 절감을 요구했다.

패턴 연습

~이하가 생각나다, 머리에 떠오르다: It occurred to me that ~

A brilliant cost-down idea occurred to me.
원가 절감의 묘안이 떠올랐다.

If anything unexpected occurs during my vacation, please call me right away.
내 휴가 중 만약 예상치 못한 일이 생긴다면 즉시 전화해라.

패턴 연습

비례의, 비례하는: proportional to, proportionate to, proportionally, pro rata

The quality of any product, in general, is proportional to the carefulness of factory workers at the assembly line.
일반적으로 제품의 품질은 조립 라인에서 일하는 공장 직공의 주의 정도에 비례한다.

☞ 주의를 하면 할수록 양품이 나오고, 주의를 하지 않으면 않을수록 불량품이 나온다는 것임.

Income tax is proportional to income.
소득세는 소득에 비례한다.

패턴 연습

~으로 되어 있다, ~으로 구성되다:
consist of; composed of; be made up of; comprise

Our Division consists of three Departments which are in charge of importing all kinds of machinery.
우리 사업부는 3개 부서로 구성되어 있으며 모든 종류의 기계 수입을 담당하고 있음.

생산성

우리의 생산성이 상대적으로 낮다. 생산성을 올려야 한다.

Our productivity is relatively lower. We need to increase productivity.

핸드폰을 그런 식으로 조립하면 생산성이 좋을 수가 없다. 생산성을 향상 시킬 수 있는 방법을 찾아라.

If you assemble the handset like that way, the productivity can't be satisfactory. Please find out the way to elevate the productivity.

☞ 모든 제품은 개발 단계부터 생산성이 좋도록 설계 노력한다. 조립 순서를 조금 변경하거나 생산 공정을 조금 변경해도 생산성이 up/down될 수 있다.

• 생산성(productivity)은 투입된 자원에 비해 산출된 생산량이 어느 정도 인가를 나타낸다.
생산성 = 산출량/투입량

공장 직공들의 부주의로 불량률이 높아졌다.

The carelessness of factory workers resulted in high defective ratio.

패턴 연습 ●

결과로서 일어나다, 생기다, 유래하다: A result from B; B result in A

The high defective ratio resulted from the carelessness of factory workers.
높은 불량률은 공장 직공들의 부주의로 야기되었다.

• **as a/the result of:** ~의 결과로서   **the result was that ~:** 결과는 ~이었다
   without result: 헛되게, 보람 없이, 공연한

The big loss resulted from the sudden fire.
그 큰 손해는 갑작스러운 화재로 인한 것이다. ☞ from 다음이 원인

The sudden fire resulted in big loss. ☞ in 다음이 결과
갑작스러운 화재는 큰 손실을 초래했다.

생산 효율

지난 달 양산을 시작하여 아직도 생산 효율이 낮다. 하지만 다음 달부터 생산효율이 엄청 올라 갈 것으로 확신한다. 따라서 납기 걱정은 하지 마세요.

The production efficiency is still low, as we started production last month. But we are confident that the production efficiency will jump up from next month. And so please don't worry about the delivery.

• 생산 효율(production efficiency)이란 생산고와 생산에 들어간 경비와의 비율을 의미한다. 시설, 관리 방법 기타에 따라 효율이 크게 달라짐.

만약 생산에 예기치 못한 문제가 발생한다면, 당사 비용으로 항공 운송시켜 납기를 맞추겠습니다.

If something unexpected comes up with the production, we will airfreight the goods at our own cost in order to keep our delivery promise.

생산 효율이 기업 이윤을 좌우한다.

The production efficiency is central to corporate profit.

패턴 연습 ●

~의 중심/중추/핵심이다, ~을 좌우 한다: central to ~

Among many issues, the quality is central to business success.
여러 사안 중, 품질이 사업 성공의 중심/핵심이다.

부품 조달

귀사 제품에 필요한 부품들을 원활히 확보하기 위해서는 각 부품의 협력 업체를 2~3곳 운영 하여야 한다. 특히, 요(要) 주의 부품은 더욱 그러하다.

In order for you to secure parts and components for your product smoothly, running a few vendors for each part is definitely required, especially in securing critical parts.

- **critical part**: 관심 대상 부품, 요(要) 주의 부품 납기가 길거나 독점 부품이라든가 부품 수급이 원활치 않은 부품을 critical part 라고 한다. 공장에서 중점 관리한다.

Point | Bill of Materials(BOM): 부품 명세서

Part list(부품 리스트)가 제품에 소요되는 부품을 열거한 것이라면, BOM은 part list에 공급 업체, 공급 단가까지 명기된 상세 명세서이다. 어떤 업체의 어느 부품을 어떤 가격으로 사용하여 제품을 만든다는 것은 매우 중요한 정보인 바, BOM은 회사에서 대외비로 취급된다.

생산라인용 부품 조달의 관점에서 보면, JIT는 장 · 단점이 있다.

In terms of securing parts for the production line, JIT system has merit and demerit.

- **JIT(just in time)**: 적기 공급 생산
  일본 **Toyota** 자동차가 도입한 방법으로 완제품 업체는 부품을 소량만 보유하며, 부품 업체에서 각 부품을 적기 공급한다. 이러한 사유로 각 부품 업체는 완제품업체 근처에 위치하여야 한다.

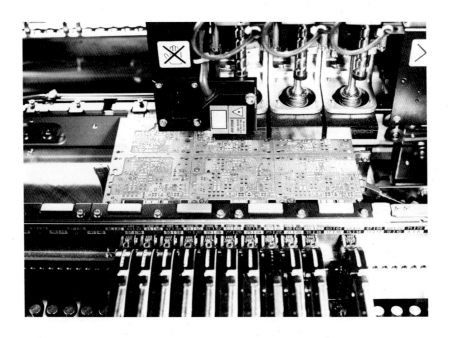

Chapter 15

통 관

통관 서류

일반적으로 통관에 요구되는 서류는 인보이스, 패킹 리스트, 선하증권, 그리고 가끔 원산지 증명서입니다.

The documents required for customs clearance, in general, are invoice, packing list, bill of lading, and sometimes certificate of origin.

- certificate of origin(C/O): 원산지 증명서
  certificate of inspection: 검사증명서
  birth/health/death certificate: 출생/건강/사망 증명서

수출 통관

수출품의 통관은 시간이 별로 걸리지 않는다.

Customs clearance of export goods does not take long.

통관 서류는 상업 송장 및 포장명세서이다.

The documents required for customs clearance are invoice and packing list.

수입 통관

귀사가 어제 선적한 부품을 금일 중으로 통관을 하여야 내일 OLED TV 생산을 지속할 수 있다.

We have to make customs clearance of the parts, which you shipped by air yesterday, within today in order to keep producing OLED TV tomorrow.

그 부품이 부족합니다.

We are short for the part.

• short for ~: ~이 부족하다

이러한 사유로 귀사에 항공 운송 요청한 것이다.

This is why we asked for your air shipment.

데모 견본 송부시 상업 송장에 NCV 및 코엑스 태양광 전시회용 견본 이라고 명기하세요.
그래야 무환 통관 가능합니다.

When you send a demonstration sample, please write down *NCV* and *Sample for COEX Solar Energy Exhibition* in the invoice so that we can make customs clearance without duty.

Point   NCV(no commercial value): 상업적인 가치가 없는

견본 등을 외국에 보낼 때 invoice상에 가격을 표시한다 하더라도 이것은 청구하는 금액이 아니라는 점을 나태내기 위해서 표시함. 이는 무환 통관 즉 관세 납부 없이 통관하기 위한 목적이다. NCV를 invoice에 기재하여도 물품이 클 경우는 무환 통관이 쉽지 않다.

☞ 무환 통관: 무관세 통관   유환 통관: 관세를 납부하는 통관

통관은 선적 서류에 의거 이루어진다.

Customs clearance is generally made as per the shipping documents.

원칙적으로 전수 검사나 랜덤 검사는 하지 않는다.

Neither whole inspection nor random inspection is made in principle.

HS Code

태양광 유리의 HS 번호를 통보주세요. 한국 관세청은 HS 번호에 의거 관세를 부과한다.

Please inform us of HS code of solar glass. Korean Customs House levies duty on the imported goods as per HS No.

Point	HS Code No.

HS는 harmonized commodity description and coding system의 약자로 국제 통일 상품 분류 체계로 해석된다.

WTO(world Trade Organization; 세계무역기구) 및 WCO(World Customs Organization: 세계 관세 기구)가 무역통계 및 관세분류의 목적상 수출입 상품을 숫자 코드로 분류한 것이 HS Code No. 혹은 Hs No. 이다. 대분류는 6자리로 국제 공통 분류이며, 뒤에 몇 자리는 국가 재량이다. 한국은 10자리를 사용한다.

HS Code라고도 하며, 각 품목에 대한 관리 및 세율 책정의 기본 자료가 됨. 기존 제품은 모두 HS No.가 정해져 있다. 하지만, 신제품의 경우 HS No가 정해져야 관세가 결정되는데. HS Code 를 결정하기 위해서는 제품의 용도, 성질, 주요 성분 등에 대한 자료를 관세청에 제시해야 한다. 각 국 간의 HS No.는 약간의 차이가 있는 바, 수출입시 HS No를 사전에 서로 확인하는 것이 추후 혹시라도 모를 불미스러운 일을 예방할 수 있다.

원산지 증명서

당사의 주문을 선적 시, 선적 서류에 원산지 증명서를 포함시키세요. 원산지 증명서가 없으면 통관이 안됩니다.

When you ship our order, please do include certificate of origin in the shipping documents. Without C/O, we can't make customs clearance.

☞ 이건 서류상의 문제이고, 포장한 후 포장 박스 외부에 *Made in* 국가로 표시한다. 즉, 중국에서 제조되었으면 포장에 *Made in China*로 원산지 표시한다.

관세 납부

보세창고에서 화물을 인출하기 위해서는 먼저 서류상의 통관을 한 후, 관세를 관세청에 납부하면 된다.

In order for us to take the goods out of bonded house, we have to make customs clearance first based upon documents and then pay relevant duty to Customs House.

그리고 나서 창고 보관료를 지불하면 창고에서 화물을 인수 받는다.

And you can take your goods out of bonded warehouse after paying warehouse charge.

관세율은 수입통관 신청서에 기재한 HS No와 상품명에 의거 결정된다.

Duty rate is decided as per the item name and its HS code in application form for import permit.

Chapter 16

보 험

보험증서

선적서류 송부 시 보험증서도 보내세요.

Please send the insurance policy also when you send shipping documents.

보험부보

화물이 공장 출고 전에 보험 부보 하는 것을 잊지 마라. 보험 계약자는 공급업체이며 피보험자는 화주이다.

Please don't forget to get the goods insured before they leave from your factory for sea port. The policyholder is shipper, while the insured is the consignee.

Tip 보험 용어 영어 표기

보험업	: insurance business; underwriting
보험업자	: an insurer; an underwriter
보험증서	: insurance policy
보험계약자	: policyholder ☞ 보험 계약 체결하고 보험료 지불
피보험자	: insured; assured ☞ 사고 발생 시 보험금 타는 사람
보험 금액	: insured amount
보험 이익	: benefit of insurance
보험료	: premium
보험률	: premium rate
보험 가격	: insurance value
보험 기간	: the term insured

선 적

선적 전 검사 요청

3월 20일까지 검사 준비 완료하겠음. 3월 21일까지 품질 담당자 보내주시기 바람. 3월 30일까지 선적하여야 됨.

We will make the goods ready for your inspection by March 20. Please dispatch your QC guy to inspect our goods by March 21. We have to effect the shipment by May 30.

다음 제품들이 귀사의 검사를 받을 준비가 되어 있음을 알려드립니다.

We are pleased to inform you that the following goods are ready for your inspection.

패턴 연습 ●

검사/검수 받을 준비되어 있다: ready for inspection/tally

We are pleased to inform you that the following goods for the contract (No. 201300310SH) are ready for inspection.
계약서(201300310SH) 관련 다음 물품이 검사 받을 준비 되어 있음을 통보드리게 되어 기쁩니다.

• following: 다음의, 그 뒤에 오는
  the following day/month/year: 그 다음 날/달/해
  He made a statement to the following effect.   다음과 같은 취지의 성명을 했다.

• following: ~에 이어, ~의 뒤에

Following the trip to Hong Kong, he flied to Paris directly.
홍콩 여행에 이어, 파리로 직행했다.

Your ordered goods are ready for tally at the port, and so we are sure that the goods will be shipped on time.
귀사에서 주문하신 화물은 항구에서 검수 대기 중인 바, 적기 선적 될 것으로 확신함.

선박/항공 예약

부산항 도착 예정일이 5월 10일경인 선박을 예약하세요. 운임은 수하인 부담임.

Please book the vessel whose ETA Busan is around May 10. The freight shall be borne by the consignee.

Point 운임의 선불/후불

운임의 선불 조건(freight prepaid)은 CIF/CFR조건 등으로 수출업체가 운임을 부담하는 경우이고, B/L 혹은 Airway B/L에 freight prepaid로 표시된다.

운임의 후불 조건(freight to collect)은 ex-factory(ex-Works), FOB등에 해당되며 수입업체가 운임을 부담한다. B/L 혹은 Airway B/L에 freight to collect로 표시됨.

패턴 연습

선 지급하다: prepay   후불하다: defer payment
상환하다: reimburse
advance payment 선불 ↔ deferred/later payment 후불

We enclose the original invoice(No.~) of your nominated shipping company, which shows that we prepaid the freight in executing the first shipment of your order(No. ~).
첫 선적 관련, 귀사 지정 해운사의 상업송장 첨부함. 귀사의 오더를 첫 선적 집행 시 우리가 운임을 지불했다는 것을 보여준다.

만약 상호간에 합의한 납기를 준수치 못할 경우, 항공 운송시켜야 한다.

You are definitely required to ship our order by air if you can't satisfy mutually agreed delivery.

파리에서 인천으로 오는 직항편의 공간을 사전에 예약 확보해라. 11월에는 비행기 공간 예약이 쉽지 않다.

Please book enough space of direct flight from Paris to Inchon in advance, as it's not easy to secure space in November.

- ETA(estimated time of arrival): 도착 예정일
  ETD(estimated time of departure): 출발 예정일

포장 및 컨테이너 스터핑

당사의 포장 방법은 크레이트와 팔레트 패킹입니다. 고객이 원하는 패킹도 가능합니다. 어떤 패킹을 원하는지요?

Our normal packing method is crate packing and pallet. Custom packing is also possible. Which packing method do you want?

Tip Packing 방법의 중요성

각 공장의 조립 방법에 따라 협력업체의 패킹 방법이 결정된다. 패킹 방법에 따라 생산 투입의 효율성이 상이한 바, 패킹 방법은 반드시 사전에 고객의 요구 사항을 확인하여야 한다. 부서질 염려가 없는 부품/제품은 carton box packing으로 끝내나, 깨지기 쉬운 부품/제품은 wooden packing 하는 것이 일반적이다. 부서지기 쉬운 물품의 packing은 crate packing이나 pallet packing 등이 있다.

2.8T*1600*800 mm 와 3.2T*1600*850의 20피트 컨테이너 적재 수량을 통보주세요.

Please inform us of stuffing quantity/20″ container of 2.8T★1600★800 mm and 3.2T★1600★850 respectively.

Tip Container vs. Stuffing

Container는 20″, 40″, 40″ High, 45″가 있으며, 각 선사별로 약간의 size 차이가 있을 수 있다. 물품은 내경의 75~80%를 최대한 실을(stuffing) 수 있는 것으로 간주하면 된다. 물론, 물품의 크기가 잘 맞아 container 내부의 dead space(사용 못하는 공간)가 거의 없이 더 실을 수도 있다.

제품의 부서지기 쉬운 정도, 수직으로 쌓을 수 있는 정도 등에 따라, 어느 컨테이너를 사용할 것인가를 결정한다. 물론 오더 가 작으면 20″를 사용하는 것이 자명한 일이다.

각 컨테이너는 stuffing 할 수 있는 무게 제한이 있다. 특정 국가는 도로 보호법(road protection law)에 의거, 무게 제한이 다를 수 있는 바, 항상 선사에 사전 확인해보는 것이 좋다. 각 컨테이너의 내경(mm)은 다음과 같다.

	가로(L)	세로(W)	높이(H)	용적(CBM)	최대 적재량(kg)
20″	5,899	2,348	2,390	33.10	21,710
40″	12,034	2,348	2,390	67.50	26,590
40″ H	12,034	2,348	2,695	76.10	26,330
45″	13,555	2,348	2,695	85.70	25,600

주) L: length, W: width, H: height, CBM: cubic meter

화물이 완전한 상태로 공장 도착함. 탁월한 포장에 감사드림.

The goods reached our factory in perfect condition. Thank you for your excellent packing.

• in perfect condition: 완전한 상태로

Tip FCL vs. LCL

FCL(full container load) cargo: 만적/만재 화물

LCL(less than container load) cargo: 소량 화물

LCL은 container에 자기 화물 말고 다른 화물이 혼적(consolidation) 되는 경우로 화급하지 않은 소량 화물을 운송 시 활용한다. FCL은 간단히 말해 container를 자기 전용으로 사용하는 것을 말한다. 그럼 돈만 내면 TV 1대를 20 feet container에 FCL로 선적할 수 있을까? 그렇지 않다. 일정 규모가 되어야 FCL 선적이 가능하다. 왜냐하면 화물이 소량일 경우, container에 빈 공간(dead space)가 많아 운항시 물품이 파손될 가능성이 있기 때문이다.

FCL은 CY(container yard)로, LCL은 CFS(container freight station)에 집하된다.

이렇게 마지막 순간에 포장 방법을 변경하면 당사에 큰 손실을 입힙니다. 이미 20피트 컨테이너 10개에 화물을 실었습니다.

This last minute change with your packing method causes us a big damage, as we already stuffed your order into ten 20″ containers as per your packing way.

따라서, 이번에는 기존 포장 방법대로 선적을 허락해 주시기 바랍니다.

We, therefore, hope that you will allow us to ship the order as per previous packing method this time.

☞ 실제로 발생되는 일인 바, 책임 소재, 기회비용 문제 등을 확실히 규명하는 것이 바람직하다. 거래처의 경중에 따라, 조금 손해를 보고 거래처의 잘못을 받아 줄 수도 있고 안 받아 줄 수도 있다. 손해 보는 것에 비해 얻는 것이 크다면 당연히 받아 주는 것이 좋을 것이다.

패턴 연습

마지막 순간의 변경: last minute change

As your required delivery is May, any last minute change is unacceptable after April. When there comes up any change affecting the delivery, it's not our responsibility.
귀사의 요청 납기가 5월인 바, 4월 이후는 어떤 사양이든 변경 불가합니다. 납기에 영향을 주는 변경사항이 있을 시 당사는 납기에 책임이 없습니다.

The customer's last minute engineering change always drives our R&D engineers crazy.
고객의 마지막 순간의 사양 변경은 당사 연구소의 기술자들을 미치게 한다.

공장 출고 통보

귀사의 화물을 컨테이너에 방금 적재 완료하였으며 귀사 지정 포워딩 회사에서 내일 컨테이너를 청도 항구로 운송시킬 예정입니다.

This informs you that we have just finished stuffing your ordered goods into the container, and your (nominated) forwarding company is to take the container out of our factory to the Qingdao port tomorrow.

귀사 물품의 포장 사진과 컨테이너 적재 사진 첨부 드립니다. 사진에서 보시다 시피, 선적 마크는 귀사 요청대로 되어 있습니다.

The attached pictures show packing and stuffing of your goods. As you see in the pictures, shipping mark was described on packing as per your instruction.

내륙 운송

귀사와 당사의 무역 조건이 공장도 가격인 바, 내륙 운송비는 귀사 부담입니다.

As the trade terms between your company and ours is ex-factory, the inland trucking charge shall be borne by your company.

귀사의 포워딩 회사가 방금 당사 공장에서 물품 픽업해갔습니다.

This informs you that your forwarding company has just picked up your goods at our factory.

선적 통보 및 선적서류 송부

상해 출발예정일과 부산 도착 예정일을 통보 바랍니다.

Please inform us of ETD Shanghai and ETA Busan.

선적하자마자 선적 서류(송장, 포장 명세서, 선하증권)를 보내주세요.

As soon as you effect the shipment, please send the shipping documents (invoice, packing list, and bill of lading).

귀사의 물품은 확실히 on-board(선박에 적재)되었습니다. 상해 출발 예정일이 5월 10일, 부산 도착일이 5월 12일입니다. 인보이스, 포장 명세서(패킹 리스트), 선하증권, 원산지 증명, 검사 리포트 첨부드립니다.

We inform you that your ordered goods were surely on-board the vessel. ETD Shanghai is May 10, and ETA Busan is May 12. Invoice, packing list, B/L, C/O, and inspection report are as attached.

☞ 선적서류는 이메일로 송부하면 된다.

> **Tip** **Pro forma Invoice vs. Commercial Invoice**
>
> Pro forma invoice(견적송장)은 수출업자가 당해 물품의 가격을 견적해 주는 송장을 말한다. 따라서 실제로 거래된 물품에 대한 송장이 아닌 가(假) 송장. 물품 대금을 청구하지 않는 송장을 말한다. Commercial invoice(상업송장)은 실제로 거래된 물품에 대한 송장이다.
>
> 그냥 Invoice라고 서류 만들어 견적 송장/상업 소장 구분 없이 사용하여도 무방하다. 왜냐하면 Invoice에 명기되는 내용을 보면 견적 송장인지 상업 송장인지 알 수 있기 때문이다.

해상 운송

4월말까지 on-board 불가하면 해상 운송시키지 마세요.

If you can't make our order on-board the vessel by the end of April, shipment of our goods by sea is not allowed.

화물이 5월 30일까지 샌프란시스코에 도착하지 않으면 고객으로부터 큰 클레임을 받게 됩니다.

If the goods does not reach San Francisco by May 30, we will receive a big claim from our customer.

귀사의 비용으로 항공 운송 시켜 주시기 바랍니다.

So you are requested to ship the goods by air at your own cost.

☞ 한국에서 미국으로 해상 운송의 경우 30일정도 소요된다, 생산은 지연되고 납기는 맞춰야 된다면 항공 운송의 방법밖에 없다.

귀사 화물은 6월 10일까지 공장에 틀림없이 준비됩니다.

Our goods will be prepared at our factory by June 10 without fail.

그 회사는 네나해운을 중국 선적 담당 포워더로 지정했다.

The company nominated Nena Shipping Co., Ltd., as its forwarding company handling its shipment to China.

☞ forwarding 회사는 outbound와 inbound를 구별하여 지정하기도 한다. 한국에서 외국으로 가면 outbound, 외국에서 한국으로 들어오면 inbound.

• outbound ship: 외항선

※ S/R(Shipping Request): 선복/선적 요청서, 운송신청
※ S/O(Shipping Order): 선적지시서
화주의 선적 신청서(S/R)에 의거, 선사가 현품을 확인한 후, 운송할 선박의 선적 책임자(일등항해사) 앞으로 발행되는 화물 선적 지시서

Tip   Manifest: 적하목록/승객명단

적하 목록은 선박/비행기에 어떤 물품이 실려 있는지를 기록한 것이다. 사람의 경우는 승객명단 이고, 화물의 경우는 적하목록인 것이다. 적하목록에는 있지만 화물이 실리지 않은 경우도 있다.

이런 경우가 가장 난처한 경우인데, 서류 따로 화물 따로의 상황이다. 실제 화물은 출발지에 있고 서류 상으로는 도착지에 있어, 화물 추적에 시간이 꽤 소요된다. FCL의 해상 운송에서는 이런 일이 거의 없으나, 소량 LCL의 해상 운송이나, 소량 물품이 항공 운송될 경우 이런 일이 발생되기도 한다. 따라서, 서류상으로 물품이 실렸다고 그 화물이 100% 선적된 것은 아니고, 수입 절차를 밟을 때 발견되는 사항인 바, 수입 물품 기재 확인이 될 때까지는 안심할 수 없다.

항공 운송

당사의 생산이 원활치 못해 불편을 끼쳐 죄송합니다.

We are very sorry that our unsmooth production causes you inconvenience.

귀사의 제안대로 당사의 비용으로 항공 운송시키겠습니다.

As you suggest, we will airfreight the goods by own cost.

하지만, 무역 조건이 FOB인 바, 당사는 '항공 운송 - 해상 운송'의 차액만을 부담하겠습니다.

We, however, suggest that we will be responsible for the difference (airfreight charge - seafreight charge), as our trade terms are FOB.

이 방법이 논리적이며 합리적인 바, 귀사에서 동의 하리라 믿습니다.

I believe that you will agree to this, which I think is logical and reasonable.

☞ 당초 무역 조건이 해상 운송비는 매수자 부담인 바, 해상 운송 시 목적항(destination port) 도착 일자까지만 항공 운송시켜 도착시킬 수 있다면 매도자가 요구하는 사항은 논리적이며 합리적인 것이 된다.

화물 무게는 200 kg, 부피는 30 CBM입니다.

They are 200 kg and the volume is 30 CBM.

중량 화물로 간주되는지 용적 화물로 간주되는지요?

I wonder whether our goods are weight cargo or volume one.

☞ 화급을 다투는 물품을 항공 운송 시킬 경우, 가장 빠르고 확실한 방법은 **direct flight**로 **air freight** 하는 것이다. 제3국을 경유하여, 다른 비행기에 환적 될 경우, 상당한 **risk**가 있다. 단, 같은 비행기로 목적지까지 간다면 문제가 없다. 왜냐하면 경유지가 있더라도 일단 출발지에서 비행기에 실린 화물은 목적지 도착 후 비행기에서 내리기 때문이다.

Tip **Weight Cargo(중량 화물) vs. Volume Cargo(부피/면적 화물)**

어떤 물품은 무게에 비해 부피가 크고, 어떤 물품은 부피에 비해 무게가 많이 나간다. 부피에 비해 무게가 무거운 화물을 weight cargo, 무게에 비해 부피가 큰 화물을 volume cargo 라고 한다.

항공 회사에는 weight와 volume을 convert 하는 기준이 있다. 항공회사에서 화물을 받아 목적지까지 운송해 줄 때, 이 기준 하에 운임이 높은 쪽으로 charge 한다. 비행기 안에 화물을 실을 수 있는 공간은 한정되어 있고 비행기가 실을 수 있는 무게도 한정되어 있다. 중량/부피중 항공사에 유리한 비용 청구는 당연한 일이다.

네고(Negotiation)

금일 네고은행에 네고 서류 제출, US$95,300 수취하였습니다.

Today we have submitted our nego documents to negotiating bank, and have duly received US$95,300.

L/C거래에 따른 서류 작성이 귀찮은 일이 많은 바, T/T 거래를 선호합니다.

We prefer T/T transaction, as the documents required for L/C transaction bother us much.

차기 주문하실 때는 결제 조건을 재고하실 수 있으면 합니다.

I hope that you will be able to reconsider the terms of payment when you place an order next time.

Point   L/G Nego

T/T 거래는 매도자 매수자와의 직 거래인 바, 은행에서의 네고는 필요하지 않다. 네고는 은행을 경유한 거래에 필요하다. 즉, L/C에서 명기한 서류들을 은행에 제출하고 은행에서는 서류상의 하자가 없으면 선적된 금액을 매도자에게 지불한다. 이를 네고(negotiation; nego)라고 한다.

서류상의 하자가 있을 경우에도 은행에 보증서(L/G: letter of guarantee)를 제출하고 네고 금액을 받을 수 있다. 이를 L/G nego라고 한다. 보증서는 추후 문제가 생기면 네고한 업체가 책임을 진다는 각서이다.

은행은 매도자를 대신해 매수자에게 먼저 돈을 지급하는 것인 바, 일정 수수료를 징수하게 된다. 이를 환가료(exchange commission)라고 한다. 네고 금액이 US$10,000이라면 매도자는 US$10,000에서 환가료를 차감한 금액만큼을 은행으로부터 수취하게 된다.

한마디로 L/C 거래는 귀찮은 서류 작성도 많고 은행 수수료도 상대적으로 많으나, 대금 결제의 위험이 작다는 장점이 있다.

선적 지연 해명 및 양해 촉구

태풍으로 선적 지연 될까 걱정이다.

We are afraid that our shipment may be delayed because of typhoon.

태풍으로 인한 선적 지연을 통보 드리게 되어 유감입니다. 이것으로 너무 큰 불편이 있지 않기를 바랍니다.

We deeply regret to inform you that our shipment is delayed because of

typhoon. We hope that this does not cause you too much inconvenience.

우리 도시에 갑작스러운 정전이 이틀간 계속되어 생산을 이틀간 중단할 수밖에 없었습니다.
We had to stop our production for two consecutive days because there was sudden electricity failure in our city.

패턴 연습

~대해 얼마나 미안한지:
I cannot express/tell how sorry I am that ~:
I cannot express/tell how sorry I am for ~:

We can't express how sorry for the unexpected delay of the shipment.
예기치 못한 선적 지연에 대해 얼마나 미안한지 뭐라 말할 수 없습니다.

☞ 한국말에도 미안하거나 당혹스럽거나 하면 할 말이 없다 라고 하는데 영어는 말 할 입이 없다 라는 표현을 사용하기도 한다. 예를 들면, 예기치 못한 선적 지연에 대해 엄청 미안할 경우 I have no mouth to say with, regarding the unexpected delay of our shipment."라고 하여도 된다.

패턴 연습

~에게 불편을 끼치다: cause A inconvenience; cause inconvenience to A

We honestly hope that our 5 days delay in the shipment does not cause you too much inconvenience.
5일간의 선적 지연이 너무 큰 불편을 끼치지 않기 바랍니다.

선적 지연 요청

당사 고객이 1개월 선적 지연을 요청했습니다.
Our customer asked us to delay our shipment by one month.

그래서 우리는 생산 일정을 변경할 수 밖에 없습니다. 귀사 선적을 한 달 지연시켜 주실 수 있는지요.

And so we have to change our production schedule. I wonder whether your situation allows you to delay your shipment to us by one month.

☞ 완제품 고객이 완제품 업체에게 선적 지연을 요청했다. 완제품 업체는 부품업체에게 부품의 선적을 1개월 지연시켜 줄 것으로 요청했다. 이는 적정 재고 관리 및 금융비용 절감을 위한 것이다.

내달 초까지 선적을 지연시켜 주시면 감사하겠습니다.

I would appreciate it if you could delay your shipment to early next month.

☞ 지진으로 귀사의 부품이 소요되는 제품의 생산을 내달 말까지 중단하였으니, 부품 선적을 지연시켜 달라는 것임.

패턴 연습

~하기 시작하다: start/begin to 동사 원형, start/begin ~ing

Since last year, it started to import a variety of parts for domestic sales.
작년부터 국내 판매를 위해 여러 가지 부품을 수입하기 시작함.

The company has recently begun producing 1 giga D-Ram,
그 회사는 최근 1 기가 디램을 생산하기 시작했다.

적기 선적 요청

꼭 선적일정 지켜주기 바람.

Please keep your shipping schedule by all means.

• by all means: 꼭, 반드시

적기 선적은 사업 성공의 주요 요소들 중의 하나이다. 우리가 우리의 고객에게 적기 선적하기 위해서는 귀사의 부품을 적기 선적해주는 것이 절대적으로 필요하다.

Timely shipment is one of key factors to business success. In order for us to effect timely shipment to our customers, timely shipment of your part to us is definitely required.

한 제품을 만들려면 수백 가지의 부품이 필요한 것이 일반적이다. 이 중 한 가지 부품만 문제가 생겨도 제품 생산이 불가하다. 몇 년 전 세계 굴지의 자동차 회사가 900원짜리 부품이 조달되지 않아 상당 기간 생산을 중단한 적도 있다. 이 경우, 부품 업체는 부품 가격뿐만 아니라 완제품 업체의 손실 일부를 보전해야 한다.

완제품 업체에서는 각 부품에 복수 협력업체를 유지함으로써 이 같은 부품 조달 위험을 회피하려 한다.

우리 회사에게 가장 중요한 것은 양질의 부품을 적기에 받는 것이지 가격 자체는 아니다.

Of paramount importance to our company is to receive quality parts and components on time, not the price itself.

패턴 연습 ●

가장 관심 있는: of paramount concern
가장 중요한: of paramount importance

This matter is of paramount importance.
이 문제가 다른 무엇보다 중요하다.

Of paramount concern to me and my company is the constant expansion of mutually beneficial business between your company and ours.
저와 저희 회사에 가장 중요한 관심사는 귀사와 당사의 상호 호혜적인 관계를 지속적으로 확장하는 것임.

• of + 명사 → 형용사

of interest; interesting,   of much interest; very interesting
of help; helpful   of much help; very helpful
It was of much interest to him.   It was very interesting to him.

차기 주문 여부는 적기 선적에 달려있다.

On-time delivery is crucial for next order.

~에 중요하다, ~에 필수적이다: be crucial for ~

The first business transaction is very important to our business success in Korea. The first business transaction is crucial to our business success in Korea. The first business transaction decides our business success in Korea.
첫 거래가 한국 시장에서의 사업 성공 여부를 좌우함.

The quality of your first shipment decides our future business with the company.
첫 선적의 품질이 그 회사와의 향후 거래를 좌우함.

모든 공장 직공들이 자기 본분을 다해 준 덕분에 납기 약속을 지킬 수 있었다.
All the factory workers acted their part and so the company could keep its delivery promise.

역할을 하다 play a role/part
~에서 주요 역할을 하다: play a major role/part in ~

play an important role: 중요한 역할을 하다
play a key/strategic role: 중추적/전략적 역할을 하다

The foreign vendors played an important role in the company's coming down the manufacturing cost.
그 외국 협력 업체들이 그 회사의 제조 원가를 인하시키는데 큰 역할을 하였다.

He played a major role in winning the soccer game.
축구 경기를 이기는데 주요한 역할을 하였다.

체선료(demurrage)는 선박에서 화물 양륙이 늦어져 발생하는 비용과 손실에 대한 요금이며, DEM 이라고도 한다.

이는 주로 곡물/석탄/동정광 등 bulky cargo 운송 목적으로 선박을 용선(charter) 할 경우, 발생되는 사안이다.

선박이 항구에 도착하면 항구에 즉시 접안을 하여야 되나, 항구 사정상 접안 일정이 잡혀있어 그 일정에 맞게 항구에 도착하는 것이 바람직하다. 만약 선박이 항구 도착일이 늦어져 접안 일정을 놓치게 되면, 접안 가능할 때 까지 바다에서 대기하여야 된다.

이 경우, 화주는 물품을 받지도 못해 사용하지 못하고, 선박은 바다에서 대기하여야 되는 바, 기회비용이 발생하는 것이다. 선박은 항구에 도착하면 빨리 화물은 내려놓고, 다른 물품을 선적하여 운송을 하여야 수익이 창출되는 것이다.

패턴 연습

~할 것을 약속하다 : promise to 동사 원형:

The supplier promised to effect timely shipment when we visited its factory, but this time the shipment was delayed by ten days again.
지난번 공장 방문 시, 공급업체는 적기 선적을 약속했으나 이번에도 또다시 선적이 10일 지연 되었다.

• as promised: 약속대로   give/make a promise: 약속하다

I promise you to come. I promise you that I will come.
나는 오기로 약속한다. 나는 틀림없이 올 것이다.

A promise is a promise.   약속은 약속이다(약속을 어길 수 없다).

The company is bound to keep its promise to employees. Otherwise it would be very difficult for the company to employ excellent persons.
회사는 직원들에게 약속을 지켜야 한다. 그렇지 않으면 우수한 사람들을 채용하기 힘들다.

분할 선적 요청

당사 고객이 1개월 선적 지연을 요청해 왔습니다. 귀사의 선적을 한 달 지연할 수 있으면 그리 해주세요. 만약 불가하면 분할 선적하세요.

Our customer wants us to delay our shipment by one month. If you can delay your shipment to us by one month, please do so. If not, please ship our goods partially.

분할 선적 금지.

Partial shipment is not allowed/acceptable.

☞ 고객이 요청이 분할 선적을 금지하는 경우도 있으며, L/C 거래라면 L/C에 분할 선적 금지라고 명기하는 것이 일반적이다.

한 번에 다 선적해라. 분할 선적하지 말고.

Please ship the goods in one lot, not partially.

• in one lot: 한 몫으로, 단번에

당초 일정보다 조기 분할 선적해주셔서 너무 감사합니다.

I don't know how to thank you enough for your partial shipment earlier than original schedule.

패턴 연습

～할 지 모르겠다: I don't know ～

I don't know what will happen if this kind of late shipment is repeated. I do hope that, from now on, you will ship our customer's order on time, noting that first business chance is last chance.

귀사의 선적 지연이 우리 고객에게 큰 불편을 끼치고 있음. 만약 이러한 선적 지연이 반복된다면 무슨 일이 일어날지 모름. 첫 번째 사업 기회가 마지막 사업 기회라는 것을 명심하시고, 이제 부터는 꼭 적기 선적 부탁드림.

☞ 상거래에서 이런 경우, 사용 가능한 우회적 표현을 예를 들면,

Your late shipment imprints a bad image on our customer.

Your late shipment may possibly make our customer seriously consider a new supplying source. First image lasts long/forever.

상거래시 유하고 신사적인 communication이 늘 좋은 것은 아니다. 왜냐하면 너무 유하다보면 사태의 심각성을 해외 업체가 제대로 인지 못하는 경우도 있다. 따라서, 강한 톤의 메시지가 필요할 땐 강하게 하고 유할 때는 유하게 하는 탄력적인 communication이 중요하다.

선적 실수 사과

우리 판매부서와 선적부서간의 원활치 못한 의사소통으로 귀사에 잘못된 물품을 선적하여 정말 죄송합니다.

We are terribly sorry that we shipped the wrong goods to you because of some miscommunication between our Sales Department and Shipping Department.

반송 요청

불량품은 반송하여 주시기 바랍니다. 반송에 관련된 제반 비용은 당사가 부담할 것임.

Please ship back the defective quantity. Any cost and expense in shipping back will be borne by us.

당사가 잘못 선적한 물품은 당사의 포워더가 귀사에서 픽업하여 반송처리 할 것인 바, 서류 작성을 도와주시면 감사하겠습니다.

Our forwarding company will pick up the wrong goods which we mistakenly shipped to you, and will take care of shipping them back to us. I hope that you will be kind enough to help our forwarder with preparing necessary documents.

클레임 제기 가능성 통보

만약 이런 종류의 품질 문제가 재발된다면 클레임을 제기 할 수밖에 없음을 통보 드립니다.

If this kind of quality problem is repeated, we have no option but to lodge a claim to your company.

패턴 연습

~하는 수밖에 없다: have no alternative/option/way but to 동사원형

• alternative: 하나를 택할 여지, 대안, 달리 택한 길, 다른 방도

We have no alternative but to supply our goods at no profit if we want to keep business relationship with the customer.
고객과 거래 관계를 유지하려면 이윤 없이 물품을 공급하는 수밖에 없다.

현재 직면한 문제를 직시하고 우리의 고객들을 안심시킬 해결책을 찾아주기 바람.

I honestly hope that you will notice the serious problem carefully and will be able to immediately find out the right solution to calm down our customers.

불량이 지속되면 그 회사로부터 추후 발주는 없을 것이 명백하다.

It's self-evident that the aftermath of your continued defectiveness will mean no future orders from the company.

• self-evident; crystal-clear: 자명한, 명백한

당사 바이어가 이러한 품질 문제가 다시 발생된다면 공식적인 클레임을 제기할 수밖에 없다는 위협적인 서신을 보내왔음.

Our buyer sent us a threatening letter that lodging a formal claim is unavoidable if the problem comes up one more time.

• lodge a claim 클레임을 제기하다

패턴 연습 •

제어할 수 없는, 어쩔 수 없는, 불가피한

unavoidable; uncontrollable; inevitable; beyond one's control; that one can't control

The typhoon hit our factory suddenly. And it terribly damaged our goods at the factory warehouse. We, however, should endure the typhoon beyond our control.
갑자기 태풍이 공장을 강타, 공장 창고의 물품이 큰 타격을 입음. 하지만 우리가 제어할 수 없는 태풍은 인내할 수밖에 없다.

I am sorry that I can't accept your invitation because of overseas trip schedule beyond my control.
제가 변경 불가한 해외출장 일정으로 초대에 응하지 못해 죄송합니다.

7월 4일까지 상기 문제들을 어떻게 해결 하실 것인지 꼭 통보 주시기 바람. 상호 호혜적인 거래 지속을 위해 귀사에서 최선을 다할 것으로 믿음.

We strongly request you to advise us how to solve the above problems by July 4 at the latest. We trust that you will do your best in order to keep the mutually beneficial business between us.

패턴 연습 •

문제가 있다	직면한 문제는~	문제 해결을 하다
have problems	encounter problems	solve problems

We have some problems with imported touch screen.
현재 우리의 수입 터치스크린에 문제가 있음

The basic problems we have encountered are in the areas of surface quality and packing method.
기본 문제는 표면 품질과 포장 방법임.

The QC manager finally solved problems caused by the part.
그 품질관리 과장은 부품으로 야기된 문제들을 마침내 해결했다.

당사 고객은 사용하지 못하는 합판 2개에 대해 결제하기를 원치 않으며, 이로 인해 당사가 금전적인 부담을 안고 있음.
Our customers do not want to pay for two unusable pieces of particle board, and this forces us to carry the financial burden of this rejection.

패턴 연습

A에게 강제로 ~시키다, ~을 강요하다
force/oblige/compel/enforce/press/constrain A to 동사 원형
☞ be forced/obliged/compelled/enforced/pressed/constrained to 동사 원형
　~할 수 밖에 없다

We were obliged to come down the price because the market is oversaturated.
시장이 과포화 되어 가격 인하를 단행할 수밖에 없었다.

My humble opinion on the issue is that the company should be responsible for the claim lodged by our customer.
우리 고객이 제기한 클레임은 그 회사가 책임져야 된다고 사료된다.

패턴 연습

~라는 의견이다; ~라고 생각하다:
I am of the opinion that ~; My opinion is that ~: I think that ~

If clear evidence proves the company's claim to be just, we will be responsible for the damages. I, however, am still of the opinion that the claim should be treated separately from the remittance of the amount of US$20,000.

만약 그 회사의 클레임이 정당하다는 확실한 증빙이 나온다면 손해에 대해 책임은 질 것임. 하지만 클레임과 2만 불 송금은 별도로 처리되어야 함.

클레임 제기

– 수량, 품질, 제품 파손(포장/운송시), 납기, 운임, 환불, 기타

귀사와의 거래에 관련된 중요한 사건에 대해 항의 서한을 발송하게 되어 유감스럽습니다.

We regret to send this protest message to you in regard to some critical happenings concerning our business with you so far.

5월에 선적한 귀사 물품의 품질 문제로 귀사에서 선적한 수량을 한 개도 받을 수 없습니다.

The quality problem with your May shipment of our order does not allow us to accept any of your shipped quantity.

그 물품은 생산이 한 번에 이루어져, 진행성 불량이 일어 날 가능성을 배제할 수 없습니다.

As the goods were produced at the same batch, the chance of progressive defect can't be ruled out

Tip 진행성 불량(progressive defect)

생산 초기에 불량은 아니지만 시간이 지나면서 취약한 소자의 특성이 변경되면서 발생되는 불량으로 회사에서 가장 겁내는 불량이다. 공장 출고 시 멀쩡하던 것이 소비자가 사용하면서 서서히 불량이 발생되는 것이니 제조업체에서는 좌불안석이 될 수 밖에 없다. 이러한 불량을 걸러내기 위해 aging test(가혹/노화 테스트) 한다.

지난 5월 선적하신 수량에 대해 환불 요청 드립니다.

I want to ask for the refund on the goods which you shipped last May.

귀사의 선적이 때늦어 우리가 귀사의 제품을 양산에 투입하지 못하였으며, 그 결과 당사 고객이 주문을 취소하였습니다.

Because your shipment was belated, we could not input your goods into our mass production and, as a result, our customer canceled its order to us.

이러한 사유로 귀사에서 선적한 화물은 쓸모가 없게 되었음.

Under this situation, your shipped goods became useless.

☞ 난감한 상황이다. 이런 일이 발생하지 않도록 납기가 준수 될 수 있도록 공급업체의 진행 사항을 수시로 check하는 것이 바람직하다.

일 만개 선적 인보이스와 관련, 물품 수취 후 57개가 모자란 것을 발견했음을 통보 드리게 되어 유감임.

Regarding the invoice of your shipment of 10,000 PCS, we regret to inform you that we found there were 57 PCS short after receipt of your shipment.

차기 선적 시 57개를 추가하되, 당사에서 관세를 두 번 지불하지 않도록 인보이스에는 표기하지 마세요.

Please ship these 57 PCS more when you ship our next order. But please don't show this quantity in the invoice so that we don't have to pay duty for this 57 PCS two times.

☞ 통관은 서류에 의거한 대로 한다. 세관에서 모든 수입 물품에 대해 일일이 개수 확인 할 수는 없는 일이다. 비록 57개가 수량 부족이나 수입업체는 인보이스 수량 만개에 의거, 이미 관세 지불한 바, 추후 57개가 추가 선적될 때, 이 57개가 인보이스 상에 표시되면 관세를 2번 납부하여야 한다.

하지만 유감스럽게도 첨부 사진에 보시다시피 물품이 약간 부서져 있습니다. 아마 패킹 문제인 것 같습니다.

But, much to our regret, some of our goods were broken as you see in the attached pictures. I presume that there is problem with your packing.

전수 검사 후 구체적인 손실 금액과 보상 방안을 제시 드리겠습니다.

As soon as we finish checking the status of all the quantity, we will get back to you with concrete loss amount and our idea to compensate for this loss.

☞ 물품 수취 후 눈에 보이는 문제가 있을 경우, 즉시 사진을 찍어, 이메일로 상황 통보한다. 시간이 한참 지난 다음에 통보하면 논쟁거리가 된다.

불량품을 상호 검사한 결과, 품질 문제는 공급업체의 책임이라고 우리 모두 결론지었다.

Mutual inspection of the defective products makes both of us reach the conclusion that the quality problem was caused by the supplying side.

패턴 연습

~라는 결론에 달하다; come to/reach   the conclusion that ~
결론적으로, 최후로: in conclusion; to conclude; finally
속단하다, 지레짐작하다: jump/rush   to a conclusion

Although we are not very well acquainted with your prestigious company, we have come to the conclusion that you would be a very good business counterpart for us.
당사는 귀사를 잘 알지 못하나 귀사가 좋은 사업 파트너가 될 수 있다는 결론에 도달함.

Don't jump to a conclusion. Don't reach a hasty conclusion.
성급한 결론 내리지 마라.

클레임 해결

신규 협력업체의 품질 문제는 우리 회사에서 아주 중요한 사안입니다.
The quality problem caused by a new vendor is extremely important at our company.

즉시 불량 원인을 파악, 대책 수립하기 바랍니다.
I ask you to find out what caused defectiveness and make a countermeasure immediately.

첫 이미지가 오래 갑니다.

First image lasts long.

당사 생산 라인에서 발생된 문제에 대해 왜 아직까지 침묵인지 의아합니다.

We wonder why you keep silent at the problem which came up at our production line.

본 문제를 빨리 해결하지 않으면 당사 내부적으로 귀사는 블랙리스트에 올라 갈 것입니다.

If you don't solve this problem quickly, your company will be on the black list internally at our company.

이 경우, 당분간 귀사와의 거래량 증대는 불가한 바, 이 점 고려 바랍니다.

In this case, we can't increase business amount with you for the time being. Please consider this.

• blacklist company: 요(要) 주의 업체, 거래 주의 업체
☞ 품질/납기/약속 불성실 이행 등의 업체는 일단 요주의 업체가 되고, 이런 일이 반복되면 퇴출된다.

그가 제안한 품질 문제 해결 방법은 누가 봐도 명백했다.

His suggested solution to the quality problem was apparent to all.

그가 제안한 방법은 이 경우에는 맞지 않는다.

His proposed solution does not apply to this case. His suggested solution has no application to this case.

너의 말은 요점을 벗어났다. 품질 문제를 야기 시킨 원인을 확실히 찾아라.

Your saying is beside the question. Please do find out quickly what caused the quality problem.

• beside the question: 문제를 떠나서, 요점에서 벗어난

품질문제의 근본 원인이 무엇인지 찾아내서 현장에서 문제점에 대한 대책을 제출하기 위해 내일 QC 기술자를 보낼 것임.

I will send our QC engineer tomorrow in order to find out what's the root cause for the quality problem and to submit our countermeasures for the problem on the spot.

패턴 연습

클레임을 해결하다: settle a claim
~에게 클레임을 제기하다: make/put in/file a claim on ~

We look forward to your settlement of this claim at your earliest possible convenience.
클레임의 조속 해결을 기대한다.

We will remit the claimed amount to your account.
클레임 제기된 금액을 송금할 것이다.

- troubleshooting: 분쟁 해결, 조정, 문제 해결
  To make money is a reward for troubleshooting.　　돈 버는 것은 문제 해결에 대한 대가이다.

화물이 공장에 도착하였는데 상태가 아주 좋지 않습니다.

I regret to inform you that your goods have reached our factory in terrible condition.

첨부 사진을 보시면 포장이 얼마나 화물을 손상한지 알 수 있습니다.

The attached pictures show how badly your packing damaged the goods.

그 회사는 품질 문제로 훼손된 이미지를 회복하기 위해 가능한 모든 수단을 동원했다.

The company left no stone unturned in order to recover its image undermined by quality problem.

- leave no stone unturned: 뒤집지 않은 돌이 없다. 즉, 모든 돌을 뒤집어 본다는 것이니 모든 수단을 동원하다 라는 의미이다.

....

~의 토대를/근본을 침식하다, 훼손하다, 이미지를 구기다: undermine

A breach of promise undermines your image.
약속을 어기면 이미지가 나빠진다.

As you know, Japanese automobile and automobile part manufacturers
have undermined the competitive edge of American producers
아시다시피 일본의 자동차 회사와 자동차 부품 회사들이 미국 생산업체들의 경쟁력을 약화시켰다.

- undermine the competitive edge: 경쟁력을 약화시키다
  strengthen/sharpen   the competitiveness: 경쟁력을 강화하다

클레임 보상

– 금전 송금, 추후 선적 시 보상, 기타

흰색 잔류물과 관련, 기술 자료 제출드림

Regarding the white-colored residue, we are pleased to submit our technical
paper for your evaluation.

정밀 테스트 결과, 흰색 잔류물은 아마 습기에 의한 알루미늄 물질의 산화에 의한 것임을 알게
되었음.

Having conducted detailed testing, we found the white-colored residue to
be the simple result of oxidation of aluminum material, possibly caused by
moisture.

만약 선적 드린 제품으로 인해 어떤 문제가 발생되면 귀사의 클레임을 기꺼이 받을 것임. 만약
필요하다면 P-bond도 발행하겠음.

If any damage or loss is caused by our shipped product, we will honor your
claim. We will issue a performance bond as an additional guarantee if you
desire.

- honor claim: 클레임을 존중하다. 즉, 클레임을 책임지겠다. 문제없을 것이니 걱정하지 말라는 의미임.

해외 출장

1 미팅 약속

일정 타진

다음 달에 뵈었으면 합니다. 첫째 주가 어떤지요?

I hope to meet you next month. I wonder whether the first week of next month would be convenient for you or not.

당사의 신기술을 소개하기 위해 약속을 잡고 싶습니다. 6월 11일이 어떤지요? 저는 아무 때나 좋습니다.

I would like to set up an appointment with you in order to introduce our company's new technology. We wonder whether June 11 is OK or not. To me, any time is OK.

패턴 연습

형편이 좋다면, 편리하다면: If it is convenient to/for you
폐가 되지 않으신다면: If (it is) not inconvenient to/for you:

When will it be convenient for you to go there?
언제 가는 게 좋겠나?

I would like to visit you at 10 AM if it is convenient to you.
괜찮다면 오전 10시에 방문하고 싶습니다.

• a train station conveniently located: 편리한 곳에 있는 기차역

다음 분기 가격 논의를 위해 2010년 6월 10일 오후 2시 귀하를 찾아뵙고자 합니다. 사정이 어떤지요.

I would like to visit you at 2 PM, on June 10, 2010 in order to discuss the price for next quarter. I wonder how your situation is.

귀사 연구소 연구원들과 기술 미팅을 원합니다. 내주 중 아무 일자나 미팅 주선 가능하겠는지요?

I would like to propose a technical meeting with your R&D engineers. Is it possible for you to arrange a meeting any day next week?

패턴 연습

at the beginning of: 초순에(early)   in the middle of: 중순에
at the end of: 말에(late)

He is to leave for Paris in the middle of this month, and is to return to Korea at the end of next month.
그는 이번 달 중순에 파리로 출발, 다음 달 말에 귀국 예정이다.

• 5월 초순/중순/말: early May, mid-May, late May

저는 6월이 좋은 바, 사정이 어떤지요?

June would be an ideal time for me. Please tell me if this will be feasible for you.

미팅 일자 확정

귀하가 제시한 미팅 시간 괜찮습니다. 귀하의 랩탑 컴퓨터 제조업체/모델 번호/일련번호를 통보주시면 수위실에 사전 등록하여 수위실을 신속히 통과할 수 있도록 하겠습니다.

Your proposed time for our meeting is OK. Please inform me of the details(maker, model No. and serial No.) of your laptop computer so that I can register your computer at gatekeeper's house in advance, which allows you to pass the gatekeeper's house quickly.

준비/주선/조정/정리하다: arrange
배열/배치/정리/정돈/채비/준비/계획/조정/조절: arrangement

The next quality meeting has been arranged for 2 PM, Thursday.
다음 품질 회의는 목요일 오후 2시로 정해졌다.

We have arranged for him to pick us up here.
그가 여기서 우리를 픽업하도록 했다.

I will arrange somehow.   어떻게든 해보겠다.

~를 대동하고, ~를 동반하고: accompanied by ~; go together with ~
(사물 사건을) 동반하다: be accompanied with ~
부수물/따르는 것/반주: accompaniment

I was accompanied by my wife when I visited Paris. I visited Paris together with my wife.
파리 방문 시 아내가 동행하였다. 아내와 같이 파리를 갔다.

The president was accompanied by Sales Manager when he made a trip to India last month.
지난 달 사장이 인도 방문 시 판매과장이 동행했다.

• The president made a trip to India (together) with Sales Manager.

미팅 일자 변경

회사 내부에 급한 회의가 소집되어 우리의 미팅 시간을 조정하게 되어 유감으로 생각합니다.
I regret to inform you that I have to reschedule our meeting because of an

imminent internal meeting.

5월 10일 2시가 아니라 5시에 방문하여 주시기 바랍니다.
I would like you to visit me at 5 PM, not 2 PM on May 10.

갑작스럽게 변경 통보하게 되어 귀하에게 불편을 끼치지 않기 바랍니다.
I hope that this sudden notice does not cause you too much inconvenience.

☞ 이 상황은 해외 협력업체의 고객 방문과 관현, 고객이 협력업체에게 송부한 이메일일 가능성이 크다. 해외
바이어와의 미팅이라면 내부 미팅 때문에 미팅 시간 변경하지는 않을 것이다.

만약 내가 제시한 시간이 여의치 않으면 제 일정을 조정하도록 하겠습니다. 편한 날짜 몇 개만
말씀하여 주세요.
I am prepared to change my schedule to accommodate yours, if my proposed time is not OK with you. Just name a few dates convenient for you.

미팅 취소

5월 10일 미팅을 취소하게 되어 유감입니다.
I deeply regret to inform you that I have to cancel our meeting of May 10.

어제 예기치 못한 일이 발생하여 내일 뉴욕으로 출발합니다. 언제 귀국할지 모르겠습니다.
I have to leave for New York tomorrow, as something unexpected came up yesterday. I don't know when I can come back to Korea.

추후 연락드리겠습니다. 제 불가피한 상황 이해하여 주시면 감사하겠습니다.
I will get back to you later. Your understanding of my inevitable situation would be appreciated.

2   각종 예약

비행기 예약

5월 10일 베이징에서 뉴욕으로 가는 비행기 예약하고 싶습니다. 비즈니스 클래스로 창가 좌리 원합니다. 가능하다면 10A 좌석을 주세요.

I would like to make reservations for the flight leaving from Beijing for New York in the morning of May 10. I want window seat at business class. If possible, the seat 10A is most preferred.

나는 아주 운 좋게도, 추가 부담 없이 보통석에서 비즈니스 석으로 승격되었다.

Much to my luck, my seat was upgraded from economy class to business class at no extra charge.

- at no extra charge/cost: 추가 비용 부담 없이
- free of charge: 무료로, 공짜로

Tip   착륙 vs. 도착

비행기가 공항에 착륙 하는 것은 land 이며, 착륙시간이 landing time이다. arrival time 이란 비행기가 공항에 landing 한 후, 터미널에 접안되는 시간을 말한다. 따라서, 공항이 복잡할 경우, landing time 과 arrival time에는 큰 차이가 있을 수 있다. 공항에서 전광판(electronic board)를 보면 landed, arrived 로 표시되는 것을 볼 수 있다. 이륙은 take off 라고 한다.

호텔/회의실/식당/좌석 예약

싱글 룸 한 개 예약하고 싶습니다. 체크인 일자는 5월 15일이고, 체크아웃은 5월 20일임. 하루 투숙비와 예약 번호 통보주세요.

I would like to make reservations for one single bed room. My checkin is

May 15, and checkout is May 20. Please inform me of the room rate and the reservation No.

5월 5일 저녁 7시 4명 예약해주세요. 산이 보이는 좌석 부탁합니다.

I would like to make reservations for a table for 4 persons at 7 PM, May 5. I want the mountain-view seats.

5월 10일 저녁 7시 오페라의 유령 S석 2좌석 예약합니다. 가능한지요?

I would like to make reservations for two S-class seats for Phantom of Opera at 7 PM, on May 10. Are the seats available?

호텔 사환은 체크아웃 수속을 밟고 있는 호텔 고객에게 보관증을 주었다.

The bellboy gave a claim check to the hotel guest who is checking out.

Tip   Claim Check: 보관증/예탁표/번호표

호텔의 체크아웃 시간은 호텔마다 상이하나 일반적으로 12–14시 사이이다. 귀국하는 날이 휴일이라 시내 관광 후 공항으로 가려한다. 비행기 출발 시간은 밤 11시이다. 이 경우, 짐을 들고 돌아다니다 공항으로 갈 수도 없고, 이럴 경우, 체크아웃 후 호텔에 짐을 맡겨 둘 수 있다. 이 경우 claim check을 받는다.

특급호텔에서는 체크인 시, 짐이 많을 경우, guest가 방으로 갈 때, 방 안내를 하면서 벨 보이가 짐을 방으로 갖다 준다. 만약 다른 guest들의 짐이 많이 밀려 있을 경우는, 일단 claim check을 주고, 나중에 방으로 짐을 가져다준다. 벨 보이에게 팁으로 짐 한 개당 US$1을 주는 것이 일반적이다.

공항 Pick-up 요청

청도 공항에 SH101편으로 5월 7일 12시 50분 도착 예정입니다. 누군가 저를 픽업하도록 해주시면 감사하겠습니다.

I will reach Qingdao Airport by SH101 at 12:50 PM, May 7. I would appreciate it if you could make some one pick me up at the airport.

청도 호텔에서 저를 픽업할 차를 공항으로 보내도록 조처해주세요.

I will reach Qingdao Airport by SH101 at 12:50 PM, May 7. Please let Qingdao hotel send a car to the airport to pick me up.

☞ 호텔 리무진 택시를 이용할 경우 비용이 만만치 않다. 불가피한 경우가 아니면 경비 절감 차원에서는 이 서비스를 사용하지 않는 것이 좋으나, 치안이 문제되는 일부 국가의 경우, 택시 타는 것이 안전치 못할 수도 있는 바, 거래처에서 픽업하지 않으면 호텔의 리무진 서비스를 이용하는 것이 안전하다. 이 비용은 호텔 투숙비 정산시 folio에 일괄 청구시키는 것이 가능 한 바, 출장 후 경비 처리는 간단하다.

Tip **Folio; Guest Bill: 고객 계산서, 계산 명세서**

호텔 체크인 후, 체크아웃 때 까지 사용한 경비 내역서(객실료, 식당, 객실의 미니 바, 전화사용, pay TV 등)를 folio라고 한다.

이 folio에는 경비 내역이 상세히 나와 있으며, 일부 외국 호텔들의 경우, 포르노 pay TV를 봐도 folio에는 포르노라는 명기는 하지 않는다. 아마, 포르노를 본 것이 회사에서 결제되지 않아서 인지 포르노를 보는 것이 이상하게 보여서인지.

해외출장 시에는 가급적 영수증 개수를 줄이는 것이 좋다. 따라서, 호텔에서 사용하는 모든 비용은 charge to my room 하도록 하여, 체크아웃 시 folio를 받고 일괄 결제하는 것이 편리하다. 회사에서 출장비로 받을 수 있다면 회사에 folio를 그대로 제출하면 되니 경비 정산이 간단하다.

예약 변경

체크인 일자 5월 10일을 5월 12일로 예약 변경합니다. 체크아웃 일자 5월 15일은 변경 없습니다. 내 예약 번호는 SH20121010 임.

I would like to change room reservation from checkin of May 10 to checkin May 12. Checkout of May 15 remains unchanged. My reservation No. is SH20121010.

• Checkout of May 15 remains unchanged.

　　☞ 표현은 여러 가지. There is no change with May 15 checkout.

예약 확인

싱글 룸 예약 확인 드립니다. 제 이름은 ST Kim 이고, 체크인은 5월 10일, 체크아웃 5월 13일임.

I would like to confirm my reservation for a single bed room. My name is ST Kim. Checkin is May 10, and checkout is May 13.

싱글 룸 예약 확인 드립니다. 제 이름은 ST Kim 이고, 예약 번호는 STST1020입니다.

I would like to confirm my reservation for a single bed room. My reservation No. is STST1020.

구체적인 일정 작성

당신과 당신 가족은 제 개인적인 손님이 될 것임. 방콕 지사장에게 일정 통보 주세요.

You and your family will be my personal guests during your stay in my country. Please inform Mr. CS Lee, head of our Bangkok Office, of your itinerary.

그의 일정을 이메일로 즉시 확인주시면 감사하겠습니다.

We would appreciate your immediate confirmation of his itinerary by E-mail.

3 회의록 및 NDA

상담 내용(회의록) 작성/통보

상담 회의록을 만드는 것은 항상 좋은 일이다.

It's always good to make a minute of any business meeting.

• minute: 회의록

첨부는 어제 회의 내용을 요약한 것입니다. 잘못된 것이 있으면 고치시고 누락된 것이 있으면 추가시켜 주세요.

The attachment is the summary of yesterday meeting. Please correct anything wrong, and add anything missing.

비밀 유지 요청

공장 라인 안내를 위해 이 NDA에 서명하여 주세요.

Before we guide you to our factory line, you are required to sign this NDA.

NDA의 목적은 귀하가 우리 생산 라인에서 본 것들을 귀사의 공장 실사 목적이외의 다른 목적으로는 사용되지 않을 것임을 확인하여 주는 것임.

The purpose of NDA is that what you see at our line is just for your factory audit purpose, and will not be used for any other purpose.

• NDA(non-disclosure agreement): 비밀 유지 협정

당사에서 현재 개발 중인 신제품에 대해 어느 누구에게도 말하지 마세요. 비밀 사항입니다.

We hope that you will not disclose our new products under development to any one. They are just for your eyes only.

• for your eyes only; confidential; secret: 비밀의

4 귀국 인사

만남 반가움

최근 미국 방문 시 만나 기뻤습니다.

I was very pleased to have had the opportunity to meet you during my recent visit to America.

바쁘신 와중에 시간 할애하여 주신데 대해 감사함.

I would like to take this opportunity to express my cordial appreciation for the time which you spared me in spite of your heavy schedule.

특히, 그 멋진 식당에서의 즐거운 식사에 대한 기억은 오래 동안 남아 있을 것이다.

In particular, I will long cherish the memory of the delightful dinner we had at the gorgeous restaurant.

• long; for a long time

패턴 연습

오래 기억할 것이다: long cherish the memory of ~;
　　　　　　　remain in one's memory for a long time

The wonderful dinner with you at the gorgeous restaurant in Paris will remain in my memory forever.

파리의 멋진 식당에서 당신과 같이 한 식사는 영원히 내 기억에 남아 있을 것이다.

연락 늦은 상황 설명

이제야 연락드리는 저를 양해해주시기 바람. 12월초 귀국 후 화급한 사안들이 많아 이제 겨우 연락드리게 되었음.

Please accept my apology. I had hoped to write earlier, but the busy schedule and matters of immediate attention awaiting me, when I returned in early December, kept me away from any earlier correspondence.

• Please accept my apology for B; I would like to offer my apology to A
  for B; I would like to apologize to A for B: A에게 B에 대해 사과하다

• keep A away from ~ing: A가 ~를 못하게 하다
  Your late shipment kept us away from placing the next order.
  귀사의 선적 지연으로 당사는 차기 발주 불가합니다.

패턴 연습 ●

좀 더 일찍 ~하지 못해: could not ~sooner/earlier

I am sorry that I could not contact you sooner.
좀 더 일찍 연락드리지 못해 죄송함.

Please accept my apologies for not writing you sooner because of overseas trips and tight schedules.
해외 출장 및 바쁜 일정 때문에 좀 더 일찍 연락드리지 못한 바, 사과드림.

패턴 연습 ●

때늦다: belated

Although belated, I would like to express my sincere appreciation to you for the kind hospitality extended to me and my associates during our visit to your office.
늦은 감이 있지만, 귀 사무실 방문 시 우리에게 베풀어주신 환대에 감사.

환대 및 도움 감사

인도 뉴델리 체류 시 퍼부어 주신 환대에 감사함. 제가 너무 불편을 끼쳐 드린 것은 아닌지요.

I would like to thank you very much for your hospitality which you so kindly showered upon me during my stay in New Delhi, India. I hope that my stay did not cause too much inconvenience to you.

패턴 연습

개요를/상황을 파악하다: get/obtain a (clear) picture of
전반적인 상황을 파악하다: get/obtain the whole picture of

From speaking with you, I obtained a clear, general picture of cellular phone industry. I want to thank you again for your help in resolving pending problems surrounding OLED transactions and for the delightful lunch.

귀하와의 상담을 통해, 핸드폰 산업에 대한 확실한 상황을 이해하게 됨. 다시 한 번 OLED 미해결 문제 해결에 도움주신 점과 점심에 감사드림.

• pending problems surrounding OLED transactions: OLED 거래를 둘러싸고 있는 미해결 문제/사안 ☞ > OLED 거래 관련 미해결 문제/사안

Do you get the whole picture of the business?
그 사업의 전반적인 상황 파악이 되는지요?

패턴 연습

일원으로: as a member of

It was a great pleasure for us to have a meeting with you on March 16 at the Hyatt Hotel in Los Angeles when we visited USA as a member of the Trade Mission last month.

통상 사절단의 일원으로 미국 방문 시 LA 하이야트 호텔에서 귀하를 만난 것은 무척 기뻤음.

패턴 연습

바쁜 일정에 시간 내어 ~하다: take the time out of busy/tight schedule to 동사 원형
일정을 조정하여 ~하다: adjust the schedule so as to 동사 원형

Once again, I would like to express my sincere gratitude for your taking the time out of your busy schedule to meet with me.
저를 만나려고 바쁘신 와중에도 시간을 내주신데 대해 깊은 감사를 드림.

We hope that you can adjust your schedule so as to make this meeting possible.
귀하 일정을 조정하여 상담 시간을 할애해주시기를 희망함.

We hope that you can take the time out of your busy schedule to visit our company during your stay in Korea.
한국 체류 시 바쁘시겠지만 시간을 내어 당사를 방문하여 주시기를 희망함.

패턴 연습

~에 대해 깊은 감사를 드립니다: express/render/convey/offer
hearty/heartful/heartfelt appreciation/thanks for~

Once again, I would like to convey my sincere appreciation for your kind courtesy extended to us, and I hope to see you again in the near future.
다시 한 번 호의에 감사드리며 다시 뵙기 바랍니다.

I would like to take this opportunity to express my heartful gratitude for the warm hospitality extended to us by you and your staff during our recent visit to Paris.
이 기회를 빌어, 제가 파리 방문 시 베풀어준 귀하와 귀하의 직원들의 환대에 감사드립니다.

당신과 당신 직원들의 도움이 없었으면 언어와 문화적인 장벽이 엄청 컸을 것임.
Without you and your staff, I would have faced many insurmountable language and cultural obstacles.

과일 감사

기분 좋은 오찬과 호텔 방으로 보내 주신 과일 감사드림.

Thank you very much for the delightful luncheon and the fruit basket you sent to my hotel room.

맛있는 열대 과일 감사드리며, 곧 다시 뵙기 바람.

Thank you again for your delicious tropical fruits, and I hope to see you again soon. Best wishes.

선물 감사

선물 감사드림. 그 선물을 보니 귀국에서 즐거웠던 시간이 생각납니다. 뉴델리에서의 환대에 감사드립니다.

Thank you very much for your souvenir which reminds me of the pleasant time I had in your country. I very much appreciate your hospitality during my stay in New Delhi.

패턴 연습

유감스럽게도 너무나 짧다: regrettably too short

The time we had to renew our friendship was regrettably too short; I hope that we can soon create an opportunity when we will have the sufficient time to further strengthen our personal as well as official ties.
만남의 시간이 너무 짧아 유감이었음. 우리의 우정을 돈독히 하고 사업을 결속할 수 있는 시간을 충분히 가질 수 있는 기회를 조만간 마련하겠음.

We stayed in Venice only one day because of tight business schedule, which was regrettably too short.
빡빡한 사업 일정으로 베니스에 겨우 하루 체류했다. 그것은 유감스럽게도 너무 짧았다.

패턴 연습 •

기념의, ~을 기념하는: commemorative 통 commemorate 명 commemoration

This is to express my sincere thanks to you for the elegant commemorative coin, honoring the 100th anniversary of the first arrival of your country person in Korea.
한국에 처음 온 귀국 사람의 한국 방문 100주년을 기념키 위해 만든 주화를 선물로 주셔서 진심으로 감사드림

I would like to convey my thanks to you again for your gift as a symbol of friendship.
다시 한 번 우정 어린 선물 감사드림.

• stamps commemorative of the Olympic Games: 올림픽 기념우표
• in commemoration of: ~을 기념하여

사진 동봉

우리가 뉴욕에서 만난 지 20일이 지났군요.
Twenty days has already passed since we met together in New York last month.

3월 1일 뉴욕에서 저녁 식사 전 리젠시 호텔 스위트 룸과 칵테일 파티에서 찍은 흥미로운 사진 2장 동봉드림.
I have enclosed herein two copies of photo, which are very much interesting, taken at the Suite Room of the Regency Hotel and at the cocktail party before starting the dinner in New York on March 1.

• 기간 pass/elapse since ~: ~한지 ~이 지나다
  Five years already passed since we met each other in Hong Kong.
  홍콩에서 만난 지 5년이 지났군요.

전시회 기간 동안 찍은 사진 첨부와 같이 보내드림. 그 사진들이 저와 함께한 즐거운 시간을 상기시켜 주기를 바람.

The attachments are several copies of the photos taken during the Exhibition. I hope these will remind you of the pleasant time I shared with you.

패턴 연습

같이하다, 나누다: share

Still vivid in my memory is the pleasant time I shared with you, talking over matters of mutual concern. For a long time I shall remember my meeting with you.

귀하와 상호 관심사에 대한 이야기로 함께한 시간이 기억에 생생함. 상당 기간 동안 귀하와의 만남 기억할 것임.

패턴 연습

우쭐해하다, 빌붙다, 기쁘게 하다, 실물이상으로 잘 묘사되다: flatter

The picture flatters him. His picture is flattering.

사진이 실물보다 낫다. 속어로 얘기하면 "사진 빨이 좋다."라는 의미.

I feel flattered by your invitation.   초청을 받아 영광스럽다.

방한 요청

우리의 사업 관계를 진전시키기 위해, 7월중 서울 방문을 해주실 수 있는지요?

To help promote our business relationship, may we ask you to honor us by visiting Seoul sometime during July?

• may we ask you to honor us by ~ing:

상대방에게 어떤 제안을 수락해 달라고 정중히 요청할 때 사용

사전에 편리한 일자 통보주신다면 7월중 아무 때나 괜찮음.

Any time would be convenient, if you let us know in advance what dates would be best for you.

면담 주선 감사

방금 귀국하였습니다. 시간 내주신 것과 사장님 면담 주선에 감사드립니다.

I have just returned to Korea. Thank you for your time and arrangement of my meeting with your president.

중동 출장에서 귀국. 당신을 만나 기뻤음. 통신청 장관과의 면담 주선에 많은 감사드림.

Having successfully completed my visit to the Middle East, I am now safely at home. It was a great pleasure for me to meet you, and I would like to express my many thanks for your efforts in arranging my meeting with the Minister of Communication.

구체적 상담 진행 요망

지난 수요일 귀사 사무실에서 미팅으로 우리가 구체적인 사업 아이디어를 창출하기를 바랍니다.

I hope that, thru our meeting of last Wednesday at your office, you and I can generate concrete business ideas.

상하이 태양광 에너지 전시회 귀사 부스에서 논의한 미해결 사안들과 관련, 당사 상해 지사장과 구체적인 상담 진행하기를 바랍니다.

Regarding the pending issues which you and I talked about at your booth at Shanghai Solar Energy Show, I hope that you will proceed concrete discussion about the issues with the head(Mr. JK Kim) of our Shanghai branch.

특정 분야 협력 기대

잘 알다시피, 당사는 전기전자 및 통신 분야에서 세계 유수 기업의 하나임.

As you may know, our company is recognized throughout the world as one of the leading manufacturers in the electric, electronics and telecommunication fields.

따라서 귀사와 당사의 협력 가능성은 무한함.

Therefore I believe the potential for cooperation between our two companies is virtually unlimited.

• virtually: 사실상, 실질적으로

  The project was virtually finished. 그 프로젝트는 사실상 종결되었다.

지난번 합의에 대해 계속 진행하기를 바란다.

We want to get the ball rolling again on the previous agreement.

• get/set/start/keep the ball rolling: 일을 잘 시작하다, 계속 진행시키다

패턴 연습

제공하다, ~할 여유가/돈이/능력이 있다: afford

My recent trip afforded me many opportunities to enhance both my business and personal relationship with my Turkish associates.
이번 여행을 계기로 터키 상공인들과의 개인적인 친분을 넓히는 동시에 사업을 확장할 수 있는 기회를 얻게 됨.

I cannot afford to let a chance of US$10 Mil business transaction disappear.
천만 불의 거래 기회를 그냥 놓칠 수는 없다.

I can't afford to be generous.   나는 선심 쓸 여유가 없다.

I cannot afford the trip expense.   그 여행비용을 감당할 수 없다.

패턴 연습 ●

~할 미래/시간/날을 기대하다

I look forward to the   future/time/day   when ~:

I look forward to the near future when we can begin developing many areas of cooperation between your preeminent bank and our company.
가까운 장래에 귀사와 당사 간 다양한 분야의 협력을 진전시키기를 기대함. 귀사와 당사 간 다양한 분야의 협력을 진전시키는 가까운 장래를 기대함.

I look forward to the time when we cooperate with each other in other venues of business.
다른 분야에서 같이 협력하는 시간이 오기를 바랍니다.

패턴 연습 ●

전체로써, 총괄하여: as a whole

In the meantime, we would appreciate your informing us of your specific product areas in relation to your future business interests with our company as a whole.
귀사와 당사의 향후 BIZ 관심사와 관련, 특정 품목을 총괄적으로 통보해 주시면 감사하겠음.

패턴 연습 ●

강조된 부위/사항을 자세히 조사하다, 검토하다, ~을 되짚어 보다
go through the highlighted points

With much interest I went through the highlighted points in your message and other information which your staff gave us during your last visit.
메시지에서 중요한 사항들과 지난번 귀사 방문 시 귀하의 직원이 준 정보를 아주 흥미롭게 훑어보았음.

Once again, QC guy went through the manufacturing process in order to

find out the root cause for the quality problem.
QC 담당자는 품질 문제의 근본 원인을 파악하고자 제조 공정을 다시 한번 검토함.

I've highlighted the important passages in yellow.
중요한 구절들에는 내가 노란색으로 강조 표시를 해 놓았다.

패턴 연습 ···

생산적인, 다산의, 이익을 낳는: productive   productive meeting: 생산적인 회의
productive business discussion :생산적인 상담

This morning we had very productive discussions with you on business between your company and ours in order to produce the precision extruders in Korea. This e-mail represents the general points of understanding in our discussions.
금일 아침 우리는 한국에서 정밀 압출기를 제조하기 위해 매우 생산적인 상담을 하였음.
본 이메일이 상담 시 거론된 일반적인 사항들을 서술함.

Thank you again, and I look forward to working together with you in some productive fields in the near future.
다시 한 번 감사드리며 향후 생산적인 분야에서 같이 일하기를 바람.

5 합작 투자 관련 출장

이사회 참석 출장

귀하가 내달 한국 방문 시 만날 수가 없어 유감입니다. 귀하의 한국 도착 3일전에 사우디아라비아로 출발할 계획입니다. 목적은 합작투자 이사회에 참가하기 위해서입니다.

I regret that I could not see you when you come to Korea next month. Just three days before your arrival in Korea, I am scheduled to leave for Saudi Arabia in order to attend the meeting of board of directors of our joint venture.

• board of directors: 이사회

이사회 안건 작성

2차 합동 회의 준비 감사함. 회의 일자 시의 적절하며, 좋은 결과 기대함.

We appreciate your preparation for the 2nd Joint Executive Meeting. We think the date of the meeting is timely, and we are looking forward to producing good results.

이번 주에 우리의 안건을 준비해서 보내드리겠음.

Our suggested agenda for the meeting will be made within the week, and will be sent to you ASAP.

• ASAP: as soon as possible

합동회의 참석자 통보

귀사 측에서는 누가 회의 참석하는지요?

Who are to attend the meeting on your side?

기술 실무진 파견

따라서, 금년 내 편리한 시간에 한국을 방문하여 주시기 바람.

Hence, we cordially invite you to visit Korea sometime this year at your convenience.

그리고 곧 우리 실무진을 파견하여 공장 시설/현장 견학 및 기술적인 사항을 해결토록 하겠음.

Also, our working-level personnel are expected to be dispatched to your factory soon to look around the facilities and the scene, and to cover up some technical matters remaining to be solved, if any.

- It remains to be seen.   두고 봐야 안다.
  This problem remains to be solved.   이 문제는 아직 미해결이다.

- Nothing remains but to 동사 원형: 이제는 ~할 수밖에 없다
  Nothing remains but to give up the project, as there is some cash flow problem.
  현금 흐름에 이상이 생겨 그 프로젝트를 포기하는 수밖에 없다.

환대 감사

귀국에 체류 시, 특히 3차 이사회 때 저와 제 동료들에게 베풀어준 사려 깊은 환대와 협조에 감사드림.

I would like to extend my appreciation for the hospitality and thoughtful cooperation given to me and my colleagues during our stay in your country, especially during the 3rd Board of Directors meeting of our joint venture company.

- extend one's appreciation for ~; express one's gratitude for ~;
  extend thanks for ~: 감사를 표시하다/전하다

- look forward to ~ing; anticipate ~ing; anticipate that ~

6 덕 담

BIZ 성공은 활달한 성격 덕택

만나주셔서 감사합니다. 귀하의 활달한 성격에 감명 받았습니다. 이제야 귀하와 당사의 사업이 성공적인 이유를 이해합니다.

Thank you for meeting with me. I was most impressed with your energetic personality; I now understand why our business with you is so successful.

- a big/great/huge success; an unqualified success: 대성공

BIZ 성공은 적격 업체 소개 덕분

최근 혁신적인 NFS(near field communication: 근거리 이동 통신) 칩을 개발한 그 회사에 개인적인 소개를 시켜 주신데 대해 큰 감사드림.

I greatly appreciate your efforts in making personal introduction to the company which has recently developed an innovative NFS chip.

그 회사에서의 상담은 큰 가치가 있었음. 그 회사의 성공의 대부분은 귀하의 탁월한 공헌에 기인한다는 것을 알게 되었음.

Our discussion at the company was rewarding and invaluable; a large portion of their success stems from your outstanding contributions.

- stem from: 유래하다, 기인하다, 생기다
  The new car stemmed from R&D's three years' development.
  그 신차는 연구소의 3년간 개발로 탄생하였음.

돈독한 관계 기대

지난 12월 프로젝트 서명을 위해 귀국 체류 시 베풀어 주신 환대 감사.

Thank you for your hospitality while I was in your country to sign the PVC project last December.

금번 프로젝트를 계기로 가까운 장래에 양사 간 보다 더 큰 결실이 있기를 기대함.

I hope that signing the PVC project contract will lead to a more fruitful business relationship between our firms in the future.

지사 도움 감사

방금 출장에서 돌아 왔습니다. 이번 출장으로 이 지역에 대한 시야를 넓힐 수 있었습니다.

I have just returned from my trip to the Middle East. The trip offered me the good chance to broaden my view of this region.

귀 국가 체류 시 우리에게 큰 도움을 주고 있는 귀하를 만나고 싶었으나, 만날 기회가 없어 아쉬웠음.

During my stay in your country, I sincerely hoped to meet you since you have been a great help to us. Unfortunately, I did not have this opportunity.

패턴 연습

시야를 넓히다, 계몽적이다: broaden one's view; widen one's angle; enlighten

I very much enjoyed exchanging economic views with you; it was simultaneously inspiring and enlightening.

귀하와 경제적인 견해를 교환 한 것은 즐거웠습니다. 그 토론은 고무적인 동시에 시야를 넓혀 주었음.

양사간 문제 해결 기대

만나주셔서 감사. 우리의 상담은 매우 유익했다고 생각함.
Thank you for meeting me. I thought that our discussion was very fruitful.

현안 해결에 도움을 줄 것이며 나아가서는 양사 간에 더욱 협력이 강화될 것임.
The meeting will help us resolve problems in the near future and will lead to greater cooperation between our two companies.

현지 활약상 칭찬

귀하의 말레이시아에서의 활약상에 대해 더 알게 되어 기뻤음. 귀하의 회사와 회사의 운영에 깊은 감명을 받음.
I was happy to have had the opportunity to learn more about your activities in Malaysia. I was quite impressed with your company and its operations.

새해에 귀하의 신사업인 태양광 모듈(태양광 패널: solar panel)사업이 성공하기를 바람. 제가 도움이 될 일이 있으면 연락 바람.
I hope for your success in your new business of solar panel there in the new year. Please contact me if I can be of any assistance.

패턴 연습

~에 감명 받다: be impressed/moved/touched/struck with/by/at ~

The company was highly impressed by your level of quality control, and is now leaning quite favorably toward your product.
귀사의 가격과 품질에 깊게 감명 받아 귀사 제품에 호감을 보이고 있음.

☞ 몇 회사 제품 저울질하다, 이 회사 제품으로 기울었다는 것임.

I was much impressed by your dynamism, entrepreneurship and pioneer spirit which have made your company a solid manufacturer of cellular phone.
귀사를 핸드폰 제조업체로의 입지를 확실하게 한 귀하의 패기, 기업가 정신 및 개척자 정신에 깊은 감명을 받음.

• 개척자 정신: pioneer spirit, frontier spirit

통찰력과 시각에 대한 감사

늦은 감이 있지만, 참으로 뜻 깊은 기회를 가졌고, 특히 귀하와의 면담이 더욱 그리했다는 말씀을 전함.
Although belated, allow me to say that I had a very worthwhile experience at the meeting, especially from my discussions with you.

귀하의 견해와 통찰력은 매우 교육적이며 도움이 되었음.
Your views and insights were most educational and helpful.

전보에 대한 애석함과 성공 기원

귀하가 떠난다니 슬프고 또 다른 한편으로는 전근지에서도 여기 서울에서처럼 핵심 인물이 될 것이라는 확신이 들었음.
I received your message with the mixed feelings of regret in hearing of your departure and of the assurance in knowing that you will undoubtedly be as indispensable at your new branch as you have been here in Seoul.

회사 근무 시 보여주신 열정과 근면함에 감사드리며, 앞길에 항상 좋은 일만 있기를 바람.
I would like to express my gratitude for the hard work and diligence that you have shown while at the company, and sincerely hope that the future holds only the best for you and your career.

전시회

전시회 정보 요청

국제 박람회 담당 과장으로서 박람회에 대해 알고 싶습니다. 최대한 빨리 귀사의 무역박람회 영문 설명서를 송부하여 주시면 감사하겠습니다.

As the manager in charge of international trade fairs, I would like to be informed about the fair. I would appreciate your sending any English-language descriptive materials on the fair at your earliest possible convenience.

- be in charge of; be charged with: 책임이다, 담당이다
  He is in charge of generating new business. 신규 사업 담당/책임.
  He is charged with generating new business.

패턴 연습

I would like to be informed about ~에 대해 알고 싶다: I would like to know about ~; I wish to be informed on ~; I wish to know about ~

I would like to be informed about the participating companies.
참가 회사들에 대해 알고 싶습니다.

I wish to know about the participants of last year.
작년 참가 회사들에 대해 알고 싶습니다.

전시회 참가 요청

2012/9/10-20일 사이 중국 상해에서 개최되는 태양광 에너지 전시회에 참가 요청 드립니다.
We would like to invite you to participate in the solar energy exhibition to be held in Shanghai, China, during September 10 - 20, 2012.

8월초까지 참가 카드를 송부주시면 감사하겠습니다.
I would appreciate if you could send the participation card to us by early August.

• participate in; take part in; partake in: 참가하다

그 회사가 신제품을 출품한 그 전시회는 성공적이었다.
The exhibition where the company exposed new products turned out successful.

• exhibition; 전시회   fair: 박람회   expo/exposition: 엑스포/박람회

전시회 출품 데모 견본 요청

귀사의 전시회 참가를 강력히 희망함. 부스에 출품할 데모 기계 한 대를 보내주시기 바람.
We strongly encourage you to participate in the exhibition. Please send us a demonstration machine which we can exhibit at the booth.

패턴 연습 •

증명/논증/시범/시연/시위/운동/데모: demonstration   통 demonstrate

This demonstrates the excellent quality of our product.
이것이 우리 제품의 우수한 품질을 증명한다.

He demonstrated how the injection machine worked.
그 사출기가 어떻게 작동하는가를 실제로 조작해 보였다.

데모 견본이 없었더라면 전시회 참가가 성공적이지 못했을 것이다.

Our participation would not have been so successful without your back-up of demonstration sample.

패턴 연습

~가 없었으면 ~하지 못했을 것이다: would not have pp without ~

The development of the product would not have been possible without the deep cooperation of the related vendors.
관련 협력업체들의 깊은 협조가 없었으면 제품 개발은 불가하였을 것이다.

The joint meeting would not have been so successful without your excellent guidance and outstanding organization.
당신의 탁월한 지도력과 조직력 덕분에 합동회의는 성공적이었음.

☞ 다르게 표현하면,　　　Your excellent guidance and outstanding organization have made the joint meeting successful.

패턴 연습

적극적인, 활발한: active ↔ inactive; passive: 소극적인, 활발하지 않은
active　participation/trade/marketing/sales
적극적인　　　참가 / 교역/　마케팅 / 판매

We will actively promote the sale of your products.
귀사 제품을 적극적으로 판매 추진할 것이다.

Let me express my hearty thanks to Mr. SH Kim, chairman of the Committee, outstanding speakers, and delegates of both sides for their active participation in this significant event.
이 중요한 모임에 적극적으로 참여하여 주신 위원회 회장님, 탁월한 연사들, 양측의 사절단에게 진심어린 감사를 드립니다.

상호 변경, 사무실 이전

상호 변경

당사 상호는 2011년 1월 1일부터 KFS Corp.으로 변경됨을 통보드림.

We wish to inform you that the name of our firm, CBD Trading Corp., will be changed to KFS Corp., effective January 1, 2011.

- 상호: name of company; corporate name
- change A to B: A를 B로 변경하다

패턴 연습

∼부터 효력 발생, ∼부터 유효: effective (as of/as at/as from/from) 일자

Effective January 1, 2011, our company name is changed to SH Solar Energy Corp.
당사 상호는 2011년 1월 1일부터 SH 태양광 회사로 변경된다.

The new traffic law shall be effective as from January 1, 2012.
새로운 교통법은 2012년 1월 1일부터 적용된다(효력이 발생된다).

이 새로운 상호가 당사의 무역업체로서의 활동상을 더 잘 반영할 것임.

This new name will better reflect our company's activities as a trading company.

이 새로운 상호가 핸드폰 종합 부품업체로서의 위상을 더 잘 반영할 것임.

This new name will better reflect our company's activities as a general maker of parts and component for cellular phone.

패턴 연습 ●

반사/반영/반향/반성/숙고/회고/비난하다, 곰곰이 생각하다: reflect

The solar glass reflected the light onto the car passing nearby.
태양광 유리가 가까이 지나가는 차에 빛을 반사했다.

The company's price-cut policy reflected the market situation.
그 회사의 가격 인하 정책은 시장 상황을 반영하고 있다.

당사의 새로운 이름이 우리의 활동상과 태양광 산업에서 중요한 위치에 있다는 사실에 대한 이해를 증진시켜, 고객과 파트너들에게 혜택을 주기 바람.

We believe that the new name will promote a better understanding of our activities and our important position in the solar energy industry, thereby benefitting our clients, customers, and partners.

사무실 이전

2010년 5월 10일자로 사무실이 아래 주소로 이전됩니다.

As of May 10, 2010, the company will be relocated at the address below.

• notice of relocation: 사무실 이전 안내

본사 소재지가 한국 서울인 그 회사는 한국 5대 무역회사중의 하나이다.

The company, whose principal office is located in Seoul, Korea, is one of top five trading companies in Korea.

• 본사/본점 소재지는 ~: principal/main office is located ~

사업 확장 및 직원 증가로 사무실 이전합니다. 사무실 이전으로 불편이 없기 바랍니다.

We are moving to a new location because of business and personnel expansion.
We hope that this relocation does not cause you any inconvenience.

사무실 연락처 변경 – 전화번호, 팩스번호, 이메일 주소

전화번호는 변경 없습니다.

The phone numbers remain unchanged.

팩스 번호는 ~로 변경됩니다.

The facsimile No. is changed to ~.

이메일은 변동 없습니다.

The E-mail address remains unchanged.

개인 핸드폰 번호 변경

내일부터 제 핸드폰 번호가 ~로 변경됩니다.

My mobile phone No. is changed to 011-1111-×××× as from tomorrow.

거기서 전화하실 때는 82-11-1111-××××을 돌리시면 됩니다.

When you call me there, please dial 82-11-1111-××××.

☞ 외국으로 전화번호 변경 내용을 통보할 때는 외국에서 돌려야 되는 전화번호를 적어주는 것이 서비스이다.

이·취임, 전보

이임 통보

2010년 3월 2일자로 제 후임으로 취임할 KFS건설 사장을 소개.

It is my great pleasure to introduce Mr. TJ Kim, President of the KFS Construction Co., Ltd., who will succeed to me as President of KFS Corp., as of March 2, 2010.

나는 KFS 사장직을 그만 두고 2012년 3월 2일부터 KFS Cable 사장으로 취임 예정입니다.

I would like to inform you that I will be leaving my assignment as the president of KFS Corp., to assume a new post with an affiliate, KFS Cable Corp., as its president as from March 2, 2012.

패턴 연습

후임하다, 후임자: succeed to, successor

My successor will be Mr. Shim. Mr. Shim will succeed to me.
내 후임자는 Mr. Shim 이다.

He was appointed as my successor.
그는 나의 후임자로 임명되었다.

He will succeed to me as President of my company.
그는 내 후임으로 사장직을 맡을 것이다.

• succeed in ~ing: ~하는 것을 성공하다

He finally succeeded in selling his own company's bad stock after he visited 30 companies in ten countries for five months.

그는 5개월 동안 10개국 30개의 회사를 방문하여 자기 회사의 악성 재고를 판매하는데 마침내 성공했다.

저는 떠나지만 향후로도 긴밀한 협조 관계 지속되기 바라며, 제 후임자에게도 제가 4년간 KFS에 재직 시 보여주신 도움을 끊임없이 주시기를 기대합니다.

I hope that we can continue our close business relationship despite this move and that you will give Mr. Kim the same kind assistance you extended to me during my four years with KFS Corp.

KFS 사장 재직 시 보여주신 도움 및 협조에 깊은 감사.

I would like to express my deep and cordial thanks to you for the support and cooperation that you have extended to me during my tenure at KFS Corp.

내 후임은 외환과장 Mr. Shim임. 저에게 항상 주었던 무한한 호의와 큰 도움을 그에게도 주시기를 부탁드립니다.

My successor will be Mr. JK Shim who is formerly head of our Foreign Exchange Section. I wish that you will extend to Mr. Shim the same boundless courtesy and invaluable assistance that you always so freely offered me.

• successor: 후임자 ↔ predecessor: 전임자, 선배

The new general manager reversed business strategy of his predecessor.

신임 부장은 전임 부장의 영업 전략을 뒤집었다.

The new president reversed many of the policies of his predecessor.

새 대통령은 전임 대통령의 정책들 중 많은 것들을 뒤집었다.

취임 통보

저는 KFS Engineering의 사장으로 3년 근무 후, 금일자로 김 사장님의 후임으로 KFS Corp. 사장에 취임함을 통보드립니다.

This is to inform you that as of today, I am assuming the position of President of KFS Corporation after serving for three years as President of the KFS Engineering, succeeding to President TK Kim.

수년간의 경험을 활용, 귀사의 이익과 당사의 이익을 공히 향상시킬 것을 확언드림.

You can rest assured that I will apply the experiences I have gained over the years for the benefit and advancement of both your interests and ours.

패턴 연습 ●

go steadily as ever before: 예전과 같이 지속되다

Nowadays Tom goes steadily with Mary as ever before.
탐이 예전과 같이 메리와 사귀고 있다.

I hope that, even though there came up some unpleasant happening between our two companies last month, the friendly business relation will go steadily as ever before.
지난 달 양사 간에 불쾌한 일이 있었지만 우호적인 관계가 예전과 같이 지속되기를 바랍니다.

전보 통보

일반 소재 개발부 부장으로 임명 통보받았음을 통보 드립니다.

I am pleased to inform you that I have been appointed as the new General Manager of Materials Development Department.

아마 아시다시피, 이 분야가 당사 성장의 선봉장 인 바, 내 경력에 도전적인 새로운 분야가 될 것임.

As you may know, this area is the spearhead of our company's current and future growth and will be a challenging new area for my career.

패턴 연습

창끝, 선봉, 선봉에 서다: spearhead

She is spearheading a campaign for reducing the company's expense.
그녀는 회사 경비를 줄이는 운동의 선봉에 서 있다.

He spearheads streamlining organization.　　　　그가 조직 합리화를 주도한다.

우리의 우정이 지속되기 바라며, 내 후임자에게도 저에게 베풀어 준 후원과 도움 주기 바람

Moreover, I look forward to continuing our friendship in the future, and trust that you will provide my successor with the same support which you have extended to me.

취임 축하

사장 취임 축하. James를 통해 사장 취임 소식 들음. 당신의 탁월한 경력과 전문성으로 미루어 사장으로서의 미래는 성공적일 것임.

Congratulations on your recent appointment to the president of Nena Trading Corp. James had informed me of the wonderful news, and I should tell you that, with your superior background and professional experience, you will have a most successful future with Nena Trading.

승진 축하

임직원을 대표해 임원 승진 진심으로 축하드림.

On behalf of everyone at my company, I would like to convey my deepest respect and hearty congratulations on your promotion to the distinguished position of Executive Director.

귀하의 지혜와 지도는 저와 저의 임직원 모두에게 격려가 되고 있음.
Both your wisdom and guidance have always been an encouragement to me and to everyone at my company.

당신의 역량은 그 직위에 있고도 남음.
I believe that you more than deserve the position.

패턴 연습 ●

~할만하다, 할 가치가 있다: deserve
~할 자격이 있고 남다: more than deserve ~

The vendor deserves receiving the largest order from the company among all the vendors.
그 협력업체는 그 회사의 모든 협력업체중에서 그 회사로부터 가장 많은 오더를 수주할 자격이 있다

The company more than deserve the government's prize, as it developed lots of innovative products.
그 회사는 혁신제품을 많이 개발한 바, 정부로부터 연구개발 상을 받을 자격이 있고도 남는다.

None but the brave deserve(s) the fair.   용자만이 미인을 얻을 자격이 있다.

패턴 연습 ●

승진하다: promote ↔ 강등하다: demote
승진: promotion ↔ 강등: demotion

I also want to congratulate you on your promotion to Vice-chairman.
부회장으로 승진 축하드립니다.

You more than deserve the general manger of OLED Department. Your promotion was a matter of time.
OLED 부서의 부장이 될 자격이 충분하고도 남음. 승진은 시간 문제였음.

회의/세미나

Chapter 23

회의/세미나 개최 통보

지난 7월 서로 연락한 후 시간이 참 빨리도 흘러갔군요.

Time has elapsed quickly since we last corresponded in July.

이제 가을이 코앞이네요. 10월 29일 필라델피아에서 개최될 세계 경제 세미나를 준비하느라 바쁨.

Fall is now upon us, and we are busy preparing our next World Economy Seminar which will take place in Philadelphia during the week of October 29.

우리의 핵심 인사를 만날 좋은 기회가 주어짐.

This will give you an excellent opportunity to meet the key members of our staff.

패턴 연습 ●

탁월한/좋은 기회: excellent opportunity

To look around any exhibition gives us an excellent opportunity to find out new items.
전시회 참관은 신규 품목 발굴에 좋은 기회를 제공한다.

To become a vendor of the largest handset company in the world offers an

excellent chance of exploring new business items.
세계에서 가장 큰 핸드폰 회사의 협력업체가 되면 신규 사업 품목들을 발굴할 기회가 주어진다.

패턴 연습

~이 코앞에 와 있음 : upon us; ahead of us; around the corner

Summer is now upon us. Summer is ahead of us. Summer is around the corner.
여름이 코앞이다.

Winter is upon us. What's your plan for winter vacation?
겨울이 코앞이다. 겨울 방학 계획이 뭐니?

The shareholders' meeting is now upon us.
주총이 코앞에 와있다.

회의/세미나 참석 요청

귀하의 우리의 서비스에 대한 관심을 고려, 귀하를 이번 회의의 특별 손님으로 초청함.
In light of the interest you showed in our services, I would like to invite you to be a special guest at this meeting.

패턴 연습

견지에서, 관점에서: in light of; in view of:

In the light of the highly beneficial and enlightening nature of the Council, I must extend to you my sincere appreciation for providing me with such a worthwhile opportunity.
그 회의는 아주 유익하고 계몽적인 바, 그런 훌륭한 기회를 제공해주신데 대해 진심으로 감사드림.

참석 통보

당사 사장께서 세미나 참석할 것임을 통보 드립니다.

I am pleased to inform you that our president will attend the seminar.

즐겁게 세미나 참석 할 것입니다.

I will be happy to join your seminar.

참가비는 얼마인지요?

What's the participation fee?

참석 불가 통보

1월은 회사 내부 회의 및 해외여행으로 시간 내기 어려워 초청 수락치 못하게 되어 유감임.

I regret to inform you that I cannot accept your invitation. January is a very busy time for me with a full schedule of corporate meetings and overseas trips.

패턴 연습

기업의: corporate

• corporate meeting: 회사 회의
  corporate bond: 회사채

corporate culture: 기업 문화
corporate name: (회사의)상호

In order to secure a foreign company in a certain country as your customer, you should understand the cultural difference between her and Korea first. And then you should understand the corporate culture difference between the company and yours.

해외 거래처를 확보하려면 우선 그 거래처 국가와 한국의 문화 차이를 이해하여야 되며, 그 후에 그 대상 회사와 귀사의 기업 문화 차이를 이해 하여야 된다.

하지만 제가 서울에서 저의 참석을 요하는 중요한 사안들 때문에 심포지엄에 참석 못해 매우 유감임.

However, it is with much regret that I will be unable to attend the symposium due to the important business matters requiring my presence in Seoul.

귀하를 다시 볼 기회를 놓치게 되어 많이 슬픔.

Missing an opportunity to see you again causes me much sadness.

패턴 연습

~하는 기회를 놓치는 것은: Missing an opportunity to 동사 원형
☞ 이 문장 구조를 여러 상황에 활용하면 매우 유용하다.

Missing an opportunity to become the company's vendor does not allow you to get 25% M/S.
그 회사의 협력업체가 될 기회를 놓치면 시장점유율 25% 확보는 불가하다.

☞ 핸드폰용 터치스크린 시장에서 1위가 되려면 어느 핸드폰 회사의 협력업체가 되어야 되는지는 자명한 일이다.

Getting an opportunity to guide you in Korea gives me much pleasure.
한국에서 귀하를 안내하는 기회를 갖게 된 것은 나로서는 무척 기쁜 일임.

연수회 하루 전에 파리로 가기 때문에 연수회 참석 불가합니다.

Unfortunately I will not be able to attend the workshop, as I am leaving for Paris on business one day before your workshop.

사정이 허락한다면 나를 대신해 우리 부장이 프레젠테이션 했으면 합니다.

If your situation permits, I would like our general manager to make a presentation at the workshop on my behalf.

• workshop: 연수회, 공동 연구회

패턴 연습 ●

~대해 프레젠테이션/연설하다: deliver/make a presentation/speech on
opening speech/address/remarks: 개회사
closing speech/address/remarks: 폐회사

The candidate mounted the platform to make a speech. The opposition
party's platform attracted the poor.
후보자는 연설을 하기 위해 연단에 올랐다. 야당의 강령은 가난한 사람들에게 매력적이었다.

Tip | Platform: 강령, 기반, 근거, 기준, 단(壇), 연단, 교단, 플랫폼

기업에서는 제품에 플랫폼이란 말을 자주 사용하는데, 그 의미는 어떤 작업 또는 기술 구현이 이루어질 수
있는 기본 환경을 의미한다. IT 환경에서는 어플리케이션을 작동시킬 때 기반이 되는 OS나 환경들을 지칭함.

플랫폼이 정거장에서 차를 타는 승강단이고 또한 연사들이 올라가는 연단의 의미를 갖고 있는 바, 출발
할 수 있는 바탕/근간이라는 의미를 보면, 제품에서 갖고 있는 의미를 유출할 수 있다.

회의/세미나 성공 기원

1월의 회의는 대성공일 것으로 확신함.

I am sure that your conference in January will be an unqualified success.

세미나의 성공을 확신함.

I am sure that the seminar will be very successful.

회의/세미나 마감 인사

마지막으로, 귀빈 여러분들을 한국에 모셔 너무나 기쁘다는 것을 말씀드리며, 한국 체류가
보람 있고 기억할 만 한 것이 되기를 바람.

In closing, I would like to express the unambiguous pleasure it has been to have you all in Korea, and I hope your stay here has been both rewarding and memorable.

• in closing: 마지막으로

이 세미나 기간 동안 서로 알게 되는 기회를 갖게 되었고, 우리들 중 많은 분들이 이미 지금쯤은 서로 이름을 부르는 친밀한 관계가 되었을 것으로 확신함. 평생 친구의 첫 걸음을 디딘 분들도 일부 있을 것으로 확신함.

During this Seminar, we have had a chance to get to know one another. Many of us are by now on first-name terms, and I am sure some of you have taken the first step to lifelong friendships here.

• first-name terms: 이름 부르는 사이

건배 제의

우리의 새로운 사업을 위해 건배!

Let me propose a toast to our new business.

• 건배: propose a toast; cheers; bottoms up

이 첫 거래를 위해 건배! 우리가 3년 이내에 한국 시장을 다 잡아 먹을 수 있을 것으로 믿습니다.

Let me propose a toast to this first deal. I believe that you and we can devour Korea market within three years.

신사 숙녀 여러분, 우리의 우정과 우리 양사의 번영을 위해 건배!

Ladies and Gentlemen, May I ask you to join me in a toast to our friendship and to the everlasting prosperity of our two companies.

국제회의/세미나 참석 후 인사

귀국에서 개최된 태양광 에너지 세미나에서 귀하를 만남 것은 큰 기쁨이자 영광이었음.
It was my great pleasure and honor to have met you at solar energy seminar in your country.

그 세미나는 통신 산업의 전반적인 상황을 이해하는 좋은 기회를 제공해주었다.
The seminar gave me an excellent opportunity to get the whole picture of telecommunication industry.

패턴 연습 ●

만남은 기쁨이자 영광이었음:
It was my great pleasure and honor to 동사 원형;
I was very pleased and honored to 동사 원형;
I had the great pleasure and honor to 동사 원형;
I had the great pleasure and honor of ~ing

I was very pleased and honored to have met you in your country.
I had the great pleasure and honor to have met you in your country.
I had the great pleasure and honor of having met you in your country.

한 달에 2건의 회의를 준비/개최한 능력에 탄복함. 힘들었을 것으로 추정함.
I admire your ability to arrange and organize two conferences in one month; it must have been very difficult.

패턴 연습 ●

~하는 능력에 탄복하다: admire the ability to 동사 원형

The president admired the sales manager's ability to generate business so quickly.
사장은 그렇게 빨리 사업을 성사시킨 판매과장의 능력을 치하했다.

The production manager of the company admired the vendor's ability to find out more efficient assembly way.

그 회사의 생산과장은 협력업체가 훨씬 더 효율적인 조립 방법을 찾아 낸 능력에 탄복했다.

인사에 대한 답변

그렇게 탁월한 분들과 일할 때는 어떤 모임을 주최하는 것이 대단히 용이함.

Being the host is very easy when working together with such outstanding colleagues.

패턴 연습

호스트 하는 것은 쉽다

Being the host is easy. Acting as the host is easy.

Acting as the host is very easy when cooperating with such outstanding partners.

그렇게 탁월한 파트너와 협력하면 어떤 모임을 주최하는 것이 대단히 쉽다.

☞ 상대방의 칭찬에 대해 오히려 상대방의 공을 높이는 문장인 바, 잘 응용하자. 예를 들어, 해외 공급선에서 거래선 확보에 대해 칭찬의 메시지를 보내 올 때, 해외 공급선의 공으로 돌리면 해외 공급선과의 관계 돈독에 도움이 될 수 있음. 하지만, 공급업체의 기업 문화에 따라, 반대의 상황, 즉, 누가 영업해도 자기 회사 제품을 팔 수 있는 것으로 간주할 수도 있는 바, 적의 판단하여야 한다. 비즈니스는 정답이 없다. 항상 상황에 맞게 탄력적으로 움직이고 대처하여야 한다.

Generating business is very easy when we are backed up by the excellent quality and competitive price of the global company.

세계적인 회사의 탁월한 품질과 경쟁력이 뒷받침될 때, 사업을 성사 시키는 것은 아주 쉽다.

각종 초대/요청

Chapter 24

오찬 초대

2010년 10월 12일 화요일 12시 롯데호텔 메트로폴리탄 클럽으로 귀하를 주빈으로 오찬에 초대하오니 수락하여 주시면 감사하겠음.

I would like to cordially invite you to the luncheon to be given in your honor at the Metropolitan Club of the Hotel Lotte, at 12:00, on Tuesday, October 12th, 2010.

나와 같이 KFS Carbon 사장 Mr. DH Shim과 당사 상무 Mr. TJ Kim이 참석할 것입니다.

In addition to myself, Mr. DH Shim, President of KFS Carbon Co., Ltd., and Mr. TJ Kim, Managing Directors of my company respectively, will attend the luncheon.

패턴 연습

각자, 각각, 각기, 따로따로: respective, respectively

In addition to myself, Mr. DH Shim, Manger and Mr. TJ Kim, Assitant Manager, respectively will attend the luncheon.
나 이외에 심 과장과 김 대리가 오찬에 참석할 것이다.

During our enjoyable luncheon, we had agreed to some important matters of interest to both our respective companies. Please allow me to refresh your memory and reaffirm mutual commitments to these matters.

오찬을 즐기면서 우리는 각사의 이해가 달린 중요한 문제에 합의했었음. 오찬 시 다음과 같은
사항에 대해 합의한 것을 상기시켜 드림.

They have their respective merits. 　　　　　　　그들은 각자의 장점이 있다.

만찬 초대

경제협력위원회 대표로 2010/10/20일 오후 7시 한국의 집에서 정보청 장관 초청 만찬을 주최
할 계획임. 이에 즈음하여 귀하도 참석하여 주시면 감사하겠습니다.

On behalf of the Economic Cooperation Committee, I have the honor of
hosting the dinner in honor of H.E. Minister of Information at the Korea
House, at 19:00, on Wednesday, 20th of October, 2010. On this occasion,
I would like to request the pleasure of the company of your Excellency.

- the pleasure of the company of your Excellency: 귀하와 동석하는 기쁨
  company는 회사라는 뜻 이외에, 교제, 사귐, 동석, 동석자, 일행 등의 뜻으로 자주 사용됨

패턴 연습

~에 즈음하여: on the occasion of ~

I would firstly like to say that it was a great pleasure as well as an
unsurpassed honor to have been able to sit with you during the dinner
hosted by Prime Minister of Korea, on the occasion of the official visit of
His Excellency Prime Minister of your country to the Republic of Korea.
한국 국무총리가 주최한 귀국 총리의 방한 환영 만찬 때 옆 자리에 앉게 되어 무한한 영광임.

- official visit: 공식 방문 ↔ personal/unofficial visit: 비공식 방문, 개인적인 방문
  state visit: (국가 원수 급의) 공식 방문

- on this happy/sad occasion: 이토록 기쁜/슬픈 때에
  on occasions: 이따금, 때에 따라서(occasionally)
  on the first occasion: 기회 있는 대로, 가급적 빨리

패턴 연습 ●

초청으로: by invitation of

As you know, H.E. Minister of Information of your country is scheduled to visit Korea in early October by invitation of his Korean counterpart, Minister of Culture and Information.
한국 정보문화부 장관 초청으로 귀국 정보청 장관 방한 예정임.

• by invitation of: ~의 초대로   at the invitation of: ~의 초대에 의하여
  accept/decline an invitation to ~: ~의 초대에 응하다/초대를 거절하다

신제품 발표/시연회 초대

5월 10일 10시 코엑스에서 신차 발표를 하려 합니다. 이번 신차 발표회에 초대 드립니다.
We plan to introduce our new cars at COEX at 10 AM, May 10, 2010. We would like to invite you to this new car-launching ceremony.

이번 금요일에 LTE 핸드폰 신제품 발표회를 가지려고 합니다.
We are going to have a new LTE cellular phone rollout ceremony this coming Friday.
• rollout: (신제품의) 발표회/출시

관심 있으시면 초대장 보내드리겠습니다.
If you are interested, we will send an invitation card.

핸드폰 사업 담당 사장께서 직접 시연할 것입니다.
Our president of cellular phone division will give a live demonstration.

취임식 초대

귀하 부부를 2010/10/20일 회장 취임식 및 취임식 이틀 후 회장과의 특별한 미팅에 축하합니다.

We would like to invite you and your wife to Mr. Chairman-elect's Inauguration Ceremony on October 20, 2010 and to a special meeting with him two days later.

여기에서의 체류가 즐겁고 보람될 것으로 믿습니다.

I believe that you can have a pleasant and rewarding stay here.

패턴 연습

즐겁고 보람 있는 체류/여행/출장

pleasant and rewarding stay/trip/business trip
pleasant and fruitful stay/trip/business trip

Once again, I heartily welcome you to Korea and hope that your stay in our country will be a most pleasant and rewarding one.
다시 한 번 한국 방문 감사드리며 한국 체류가 아주 즐겁고 보람 있는 일이 되기를 바람.

I hope that your business trip to Paris will be pleasant and fruitful.
파리 출장이 즐겁고 결실이 있기 바랍니다.

초대 수락 통보

부친 70순 잔치에 즐겁게 참석합니다.

We are happy to accept your invitation to your father's 70th birthday.

초대해 주셔서 감사합니다. 귀하와 시간을 같이 할 수 있다면 언제든지 오케입니다.

Thank you for your invitation to dinner. Nothing can hinder me from sharing time with you.

초대해 주셔서 영광입니다. 파티에 즐겁게 가겠습니다.

I feel honored at being invited. I will be happy to join you party.

각종 거절

Chapter 25

사업 제안 거절

귀사의 사업 제안 서신을 관심 있게 읽었으나, 당사는 현 시점에는 그러한 투자는 약속할 입장이 아님을 알려 드리게 되어 유감임.

We read your message of business proposition with much interest; however, we regret to inform you that we are not in a position to undertake such investment at this time.

특정 품목에 대한 거절

제안하신 품목을 지금 당장 수입하기는 어렵습니다.

It seems difficult for us to immediately import your proposed item.

당사는 건축 자재 분야에 대한 전문성이 없어, 시장 조사 시간이 필요합니다.

We are not specialized in construction materials, and so we need some time to conduct market survey.

최종 오퍼 감사합니다. 하지만 현재 여기의 시장 상황으로는 귀사의 가격이 경쟁력을 가질 수가 없습니다.

Thank you for your final offer. We, however, regret to inform you that the present market situation here does not make your price competitive at all.

적절한 시기가 오면 같이 일하기를 바랍니다.

We hope to work together when the right time comes.

☞ 가격 경쟁력이 없어 가격 인하를 몇 번 요청한 후 받은 최종 오퍼 가격도 경쟁력이 없을 경우이다.

가격/품질 경쟁력은 있습니다.

Your products are competitive in price and quality both.

하지만, 귀사의 납기 2개월로는 한국 시장에서 비즈니스를 창출한다는 것은 불가능합니다. 한국 시장은 유사 제품의 평균 납기가 2주입니다.

It's not possible to generate sales of your products in Korea if you insist on the delivery of 2 months. The average delivery of the similar products is only two weeks.

납기 단축 없이는 사업 추진 불가합니다.

We can't persue business without your shortening delivery.

☞ 가격/품질/납기가 경쟁력이 있어야 비즈니스 창출이 가능하다. 물론, 독점 공급되는 제품이라면 상황이 달라진다. 위의 경우는 중개업자가 stock sale을 하는 것을 고려해볼만 하다. 가격/품질 경쟁력이 있다면 재고를 안고 비즈니스 추진하는 것을 적극 고려해볼만 하다.

지분 투자 거절

그 회사 지분 20%를 인수하라는 귀하의 제안을 충분히 검토하였으나 관심을 두지 않기로 결론이 남.

We have fully studied your proposal for acquiring 20% equity of the company, but, unfortunately, we have come to a conclusion that we are not interested in your proposal.

• 지분 투자: equity investment   지분 참여: equity participation

그 회사는 다양한 형태의 지분 참여에 대해 관심을 표명함.

The company expressed an interest to various forms of equity participation.

~하는데 관심이 있다, ~에 관심이 있다

be interested to 동사 원형; take/have interest in 명사/~ing

We are very much interested in your thin film PV module.
We take much interest in your thin film PV module.
Your thin film PV module interests us very much.
박막 태양광 모듈에 큰 관심이 있습니다.

☞ 글은 여러 가지 방법으로 쓸 수가 있다. 다양한 방법으로 작문 해보자.

시의 부적절 통보

그럼에도 불구하고 귀하의 양해를 구함. 당사는 재원이 부족하여 현재로서는 사업 영역 확장을 검토할 입장이 아님.

Yet, I must seek your understanding that our company does not have enough resources, and that we are not in a position at the moment to expand our business line.

지금은 태양광 에너지 사업에 큰 자금을 투자할 때가 아니다.

Now is not the right time for us to invest a huge amount of money in solar energy business.

그렇게 좋은 기회를 주서서 감사합니다.

Thank you for your offering such an excellent opportunity.

수익성이 있는 분야에서 같이 일할 수 있는 날이 오기를 바랍니다.

We, however, hope that the day will come soon when both of us can work together in some lucrative venues.

~하는 날이 올 것이다: the day will come when ~

Once again let me thank you for your help, and I hope the day will come again soon when I work together with you.
다시 한 번 도움에 감사드리며, 다시 함께 일할 기회가 있기를 기대함.

• I hope the day when I work together with you will come again으로 쓸 경우 읽는 사람이 편하지 않다. 그래서 the day will come when ~으로 사용하는 것이 clear하다.

I hope that the day will come when the annual sales revenue reaches US$10 billion.
연 매출이 100억불이 되는 날이 오기를 기대함.

적기: timely ↔ 때가 아닌, 시기상조의: untimely, mistimed
timely/on-time delivery/shipment/investment: 적기 납기/선적/투자

Timely shipment is required to keep an excellent relationship with customers overseas.
해외 고객들과 좋은 관계 지속을 위해서 적기 선적이 요구된다.

Timely investment is very important for the companies to grow up.
기업이 성장하기 위해서는 적기 투자가 중요하다.

합작 투자 거절

귀사가 제안한 품목들의 경우, 당 그룹 회사들은 합작 투자 보다는 기술 이전을 선호함. 따라서, 현재로서는 합작투자는 어렵습니다.

Concerning your proposed items, our group companies prefer to enter into a technology transfer rather than a joint venture. And so we regret that joint venture business is not possible at the moment.

그래서 제 3국에서의 합작 투자 보다는 기술 이전을 해서 한국에서 생산하는 것을 선호한다.

We, therefore, prefer your technology transfer to us so that we can produce the parts here in Korea, rather than a joint venture outside of Korea.

우리의 시장 분석은 완전히 잘못되어 우리의 투자는 실패로 판명되었다.

Our market analysis proved wide of the mark, and our investment proved a failure.

• wide of the mark: 틀린/얼토당토않은/목적을 빗나간/예상이 어긋나서

귀사의 합작 투자 제안을 충분히 검토하였습니다. 하지만, 합작투자가 성공적일 수 없다는 결론에 도달하였습니다.

We have fully reviewed your proposal for joint venture. We, however, reached the conclusion that the joint venture can't be successful.

독점권 공여 불가 통보

당사와 비즈니스 관계를 시작하려는 귀사의 관심을 듣고 기뻤음.

We were pleased to hear of your company's interest in initiating a business relationship with us.

그러나 당사의 회사 정책상 어떤 해외 거래든 거래 금액이 천만불이 될 때까지는 독점권을 주지 않는다.

However, our company policy does not allow us to pursue any overseas business on an exclusive basis until the business amount reaches US$10 Mil.

친근한 표현

안부 문의

어떻게 지내고 계시는지요? 잘 지내고 계시기를 바라며 일들이 잘 진행되고 있기를 바랍니다.
How have you been? I hope you are well, and that things are going well.

잘 지내고 계시기를 바라며 귀하와 귀하의 가족들이 만사형통하기를 바랍니다.
I hope you are well, and that everything is going smoothly with you and your family.

패턴 연습 ●

순조롭게 진행되다: work out smoothly; proceed/go smoothly

I believe that the production will go smoothly from tomorrow on.
내일부터는 생산이 순조로울 것으로 믿는다.

그동안 격조하였습니다. 어떻게 지내시는지요?
It's a long time to hear from you. How have you been?

잘 지내고 계시다니 기쁩니다.
I am very happy to hear (from you) that you are doing well.

인생에 기쁨과 행복만이 있기를 기원 드립니다.

We hope you will have nothing but joy and happiness in your life.

• nothing but; only: ~밖에 없는, 다만 ~뿐

그때까지 만사형통하시기 바람.

Until then, I hope that all, as ever, goes well with you.

사업이 어떤지요? 만사 오케이기를 바랍니다.

How is the business going on? I hope everything/all is OK.

새로 시작한 사업이 만사 잘되고 있기를 바랍니다.

I hope all is going well with your new business.

그간 연락드리지 못해 죄송합니다.

We are sorry for our inability to communicate so far.

• We are sorry that we could not get back to you sooner.
  We are sorry that we could not contact you sooner.
  We are sorry for being unable to contact you sooner.

• so far; until now; thus far; up to now: 지금까지, 그간

날씨 얘기

오늘 날씨 어떤가요? 여기는 무덥네요. 여기는 푹푹 찌네요.

How is the weather there today? It's sultry here. It's sizzling here.

오늘 날씨 진짜 덥다.

What a sizzler today.

어제는 비/눈이 많이 왔어요.

We had much rain/snow yesterday.

여기는 아주 춥습니다.

It's very cold. It's freezing.

거기는 기온이 몇 도 인가요?

What's the temperature there?

지금 바람이 많이 불고 있습니다. 내일 태풍이 우리나라를 강타할 것으로 보입니다.

It's very windy now. The typhoon is expected to hit our country tomorrow.

근황 통보

오랜 만입니다. 요즘 저는 회사의 가장 큰 프로젝트 일을 하느라 아주 바쁩니다.

It's good to hear from you for a long time. Nowadays I am so hectic as I am involved in the largest project of our company.

비즈니스 개발부의 부장으로 승진된 후, 프로젝트를 여러 개 추진하느라 매우 바쁩니다.

I am very busy with several projects after promotion to General Manager of Business Development Department.

회사 휴무 통보(구정, 추석, 국경일)

내주 월요일은 국경일이고, 화요일은 당사 창립일이라 당사는 이번 토요일부터 내주 화요일까지 4일간 휴무입니다.

Next Monday is a national holiday, and next Tuesday is the establishment day of our company. And so our company will be off-duty four days from this Saturday to next Tuesday.

고객사 여러분, 춘절(중국 구정)로 2/7일부터 2/17일까지 공장 문을 닫습니다. 지속적인 도움 감사드립니다.

Dear Valued Customers,

We will be closed from February 7 to February 17 for our Spring Festival(Chinese New Year, lunar New Year) holiday. Thank you for your continued help.

크리스마스 및 신년 인사

즐거운 성탄절과 새해 복 많이 받으시기를 기원 드립니다.
Merry Christmas and A Happy New Year!

새해 복 많이 받으시고 번창하세요.
I would like to convey my wishes for a happy and prosperous new year.

새해 복 많이 받고 양사간 사업이 번창하기를 기원드림.
I wish you a happy holiday season, and hope that we will have a prosperous new year together.

가정에 웃음과 행복이 가득하기를 기원 드립니다.
I hope that happiness and laughter will always be with your family.

이제 올해도 얼마 안 남았군요. 귀사와의 상호 유익한 관계에 감사드림. 함께 거래한 첫 해에 좋은 성과를 거두었음.
I hope you are well. As we approach the end of this year, I wanted to express my personal appreciation and our company's appreciation for the mutually beneficial business relationship we have enjoyed. For the first year of doing business together, we have had excellent results.

• as we approach the end of this year;
  the end of this year is around the corner: 연말이 다가 옴에 따라

우리 성공의 대부분은 귀사의 노력과 도움 덕택임. 당사는 현재의 협력 관계에 의거, 새해에는 그 관계를 돈독히 하고 더 강화하고 싶음. 귀사의 도움으로 거래량 증대를 위해 최선을 다하겠음.
The success of our relationship stems largely from your efforts and assistance. In the coming new year, we hope to build upon our current

cooperation and make it stronger. With your help, we will give our utmost efforts to increase our business volume.

- **In the coming new year:** 다가오는 새해에
- **build upon:** ~에 의거하게 하다, 기초로 일을 추진하다, ~을 의지하다
  build one's hopes on: ~에 희망을 걸다

패턴 연습

A는 B 덕분, A는 B에 기인, A는 B에서 나오다: A stems from B
The quality product stems from strict QC.
양질의 제품은 엄격한 품질관리 덕분이다.

The high shielding efficiency stems from the good conductive paste.
높은 차폐율은 양질의 도전성 페이스트 덕분이다.

The big sales volume stems from the sales of LTE phones to almost all the countries in the world.
매출액이 큰 것은 전 세계 거의 모든 국가들에 수출하는 LTE 핸드폰 판매 덕분이다.

- **volume:** 책, 권, 용적, 크기, 분량, 대량, 많음, 볼륨, 거래량, 거래액
  a novel in three volumes: 3권으로 된 소설

the volume of traffic: 교통량	**the volume of sound:** 음량
by volume: 무게로, 달아서, 부피로	**by count:** 개수로
sell by volume: 무게로 팔다	**sell by count:** 개수로 팔다

- **business volume; the volume/amount of business:** 거래액
  sales; revenue; sales volume/amount/revenue: 매출액

자연재해에 대한 안부 인사

태풍으로 인한 피해가 없었기를 바랍니다.
I hope that the typhoon did not cause you any damage.

급작스러운 폭우로 강이 범람했다는 얘기를 들었는데, 귀하와 귀하의 가족 모두 무탈하기를 바랍니다.

I heard that the river flooded because of sudden, heavy rain. I hope that you and your family are OK.

예기치 못한 태풍으로 북경 가는 비행기가 뜨지 않아, 이미 삼일이나 제주도에 체류 중이라고 알고 있습니다. 필요하신 것 있으시면 당사 제주 지사장에게 언제든지 연락하십시오.

I understand that the unexpected typhoon deterred the planes from leaving for Beijing from Jeju Island, and you have been staying in Jeju Island for three days already. Please feel free to contact the head of our Jeju branch office any time when there is anything that you need.

☞ 이런 이메일을 보낼 때는 CC로 제주 지사장을 넣고 제주 지사장 연락처도 명기 해주는 것이 확실한 서비스이다.

패턴 연습 ●

A가 ~하는 것을 방해하다/단념시키다
deter/prevent/prohibit/keep A from ~ing:

The unexpected typhoon deterred the company from effecting timely shipment, which was force majeure.
예기치 못한 태풍으로 인해 그 회사의 적기 선적은 불가하였으나 그것은 불가항력이었다.

The labor dispute of the vendor prevented the company from getting more orders from its customer.
협력업체의 노사 분규로 고객으로부터 오더를 더 받지 못했다.

☞ 부품 공급이 원활치 않아 추가 오더 수주 불가한 것임.

Point 불가항력(force majeure, act of God)

전쟁이나 천재지변 등 계약당사자의 의도와는 관계없이 통제할 수 없는 사유로 인해 계약을 이행할 수 없거나 지연될 때 계약당사자의 책임을 면하게 되는 것을 말함. 이처럼 불가항력으로 인해 계약을 이행하지 못했거나 지연시켰을 경우 면책이 가능하나, 계약을 이행하지 못한 경우 입증의 의무가 있다. 물론, 최근의 일본 원전 사고처럼 누구나 다 아는 사고/사건일 경우는 그렇지 않으나, 예를 들어 일부 지역의 정전이 며칠간 지속되어 선적 지연이 되는 것 등은 입증의 의무가 있다.

휴가 문의

휴가: vacation, time-off, leave

이번 여름휴가는 언제인지요? 특별한 휴가 계획 있나요?

When is your vacation this summer? Do you have any particular plan for your summer vacation?

즐거운 휴가 되셨기를 바랍니다. 사정이 된다면 내주 월요일 방문하고자 합니다.

I hope that your vacation was great/terrific. If your situation permits, I would like to visit your company next Mon.

이메일 송·수신

이메일 수취 확인

5월 10일자 이메일 감사합니다.

Thank you for your e-mail of May 10.

This replies to your e-mail of May 10.

I am in receipt of your e-mail of May 10.

I acknowledge the receipt of your e-mail of May 10.

This acknowledges the receipt of your e-mail of May 10.

This is to acknowledge the receipt of your e-mail of May 10.

• e-mail; E-mail; email: electronic mail: 전자 메일

화급한 이메일 발송

지속되는 품질 불량에 대한 귀사의 대책을 긴급히 통보바랍니다.

This urgently asks for your countermeasure for the continued quality problem.

Tip | Skype, Kakao Talk |

거래 상대방과 Skype, Kakao Talk 등으로 실시간 무료 통화, 메세지 전달, 대형 파일 전송/수취 가능
한 바, 화급한 경우, 적극 활용하면 된다.

수취 확인 요청

당사의 대책을 첨부와 같이 송부 드리오니 수취 확인하여 주시면 감사하겠습니다.

We send our countermeasure as the attached file. We appreciate your confirmation of the receipt.

이메일이 반송될 경우

귀하에게 보낸 이메일이 반송되었음. 반송 메시지가 귀하의 이메일 용량이 꽉 찼다고 함. 용량 확보바랍니다.

My E-mail to you has returned. The message shows that your E-mail memory is full. Please secure enough memory for my E-mail.

☞ 이메일이 반송되는 경우는 몇 가지가 있다. 이메일 서버의 문제. 이메일 용량의 문제. 이메일 수취 용량 문제라면 이메일에 있는 파일들을 삭제하여 용량을 크게 하면 되나 인터넷이 연결되지 않는 서버의 문제일 경우, 이메일로 연결할 방법이 없다. 이 경우 전화를 하거나 핸드폰 SMS를 활용하여 이메일에 대한 상황 전달 이 중요하다.

첨부 파일을 열 수 없을 경우

첨부 파일을 열 수가 없습니다. 확장자를 변경하여 다시 보내주세요.

I am sorry that I can't open the attached Excel file. Please change the extender to Excel 2007, and send the file again.

첨부 파일을 열 수가 없습니다. 파일 이름을 영어로 변경하여 다시 보내주세요.

The attachment can't be opened. Please rename the file in English and send it to me.

• send me it 이라고는 하지 않는다. 마찬가지로 give it to me 라고 하지 give me it 이라고는 하지 않는다.

부록　　　　　회사 직책의 영어 표기

회사마다 직책에 대한 영어 표기법이 약간씩 상이 하다. 일반적으로

대리 : assistant manager 　　과　장 : manager
차장 : deputy general manager 　부　장 : general manager
이사 : executive director 　　상　무 : managing director
전무 : senior managing director 부사장 : executive vice president
사장 : president 　　　　부회장 : vice-chairman
회장 : chairman
CEO : chief executive officer, 대표 이사
CFO : chief finance officer, 재무 담당 총책
COO : chief operating officer, 회사 운영 담당 총책

사장과 대표이사는 별개의 문제이다. 회사의 모든 권한은 대표이사가 갖고 있다. 직책은 사장이나 대표이사가 아닌 경우 사장은 회사의 모든 권한을 갖고 있는 것은 아니다. 대표이사란 회사의 등기부등본상에 기재된 이사들 중 대표가 되는 이사를 말한다. 직책이 사장이면서 대표이사이면 President & CEO, 직책이 전무이사이면서 대표 이사이면 Senior Managing Director & CEO가 되는 것이다.

회사에 대표 이사가 둘 이상인 경우도 있다. 이 상황에서 대표 이사의 권한은 공동 대표 이사 인지 각자 대표이사인지에 따라 다르다. 공동대표 이사는 모든 대표 이사가 동의해야 어떤 일을 진행할 수가 있다. 각자 대표 이사는 말 그대로 각자가 대표이사인 바, 다른 대표이사의 동의 없이 단독으로 어떤 일을 집행할 수가 있다.

• 중국에서는 **general manager**라는 영어 표현이 대표이사(총 경리: 總 經理)이다.

Point　　재무제표 (financial statement)

제품을 만들기 위해서는 원재료를 구매하여, 가공해야 되는 바, 제품이 만들어지기까지 직 · 간접으로 비용이 발생한다. 거기에 이윤을 붙여 판매를 하고 판매한 후 물품 대금을 회수하여야 이익이 발생한다.

이러한 일련의 관계를 숫자로 볼 수 있는 것이 재무제표이다. 재무제표에 대한 영어 표현은 다음 장에 기술 되어 있는 바, 암기해두는 것이 국제간의 상거래 추진 시 도움이 된다. 즉, 상대방의 재무제표를 보면 그 회사가 잘되는 회사인지 안 되는 회사인지, 부도날 회사인지 판단할 수 있다.

부록 재무제표 영어 표기

국제간의 거래를 추진하다 보면 재무제표에 대한 간단한 영어 표현은 알고 있는 것이 도움이 된다. 재무제표 중 가장 중요한 손익 계산서와 대차대조표의 영어 표현을 알아보자.

재무제표 : financial statement
손익계산서 : income statement(profit & loss statement), 일정기간의 손익
대차대조표 : balance sheet, 일정시점의 재산상태

손 익 계 산 서

매출액　　: Sales　　　　　　　　　매출 원가 : Cost of sales
매출 이익　: Gross profit
판매 관리비 : SG&A Expenses(selling, general administrative expenses)
영업 이익　: Operating income
영업외 수익 : Non-operating income
영업외 손실 : Non-operating loss
경상 이익　: Recruiting Profit(Current profit)
특별 이익　: Extraordinary gain　　　특별 손실 : Extraordinary loss
세전 이익　: Earning before income tax　법인세　 : (Corporate) Income tax
당기 순이익 : Net income

대 차 대 조 표

자산　　　 : Asset　　　　　　　유동 자산　: Current Asset
당좌 자산　: Quick Asset　　　　재고 자산　: Inventories
비유동 자산 : Fixed Asset　　　　투자 자산　: Investment Asset
유형 자산　: Tangible asset　　　무형 자산　: Intangible asset
부채　　　 : Liabilities　　　　유동 부채　: Current liabilities
비유동 부채 : Long-term liabilities　자본　　　 : Shareholder's equity
자본금　　 : Capital stock　　　자본 잉여금 : Capital surplus,
이익 잉여금 : Retained earnings

탄탄대로
1,000 단어로 끝내는
실무 영어

초판1쇄 인쇄 2018년 1월 10일
초판1쇄 발행 2018년 1월 15일

지은이　　장 시 혁
펴낸이　　임 순 재

펴낸곳　　**(주)한올출판사**
등 록　　제11-403호
주 소　　서울시 마포구 모래내로 83(성산동 한올빌딩 3층)
전 화　　(02)376-4298(대표)
팩 스　　(02)302-8073
홈페이지　　www.hanol.co.kr
e-메일　　hanol@hanol.co.kr

ISBN 979-11-5685-610-8